W0312141

Encore plus !

Louis Maurin

Directeur de l'Observatoire des inégalités

Encore plus !

Enquête sur ces privilégiés
qui n'en ont jamais assez

PLON
www.plon.fr

92, avenue de France
75013 Paris
Tél. : 01 44 16 09 00
Fax : 01 44 16 09 01
www.plon.fr
www.lisez.com

Mise en pages : PCA
Dépôt légal : mars 2021
ISBN : 978-2-259-30589-1

« Si je jette, messieurs, un regard attentif sur la classe qui gouverne, sur la classe qui a des droits et sur celle qui est gouvernée, ce qui s'y passe m'effraie et m'inquiète. Et pour parler d'abord de [...] la classe qui gouverne, et remarquez bien que je ne compose pas cette classe de ce qu'on a appelé improprement de nos jours la classe moyenne, mais de tous ceux qui, dans quelques positions qu'ils soient, usent des droits et s'en servent [...], je dis que ce qui existe dans cette classe m'inquiète et m'effraie. Ce que j'y vois, messieurs, je puis l'exprimer par un mot : les mœurs publiques s'y altèrent [...] ; de plus en plus, aux opinions, aux sentiments, aux idées communes succèdent des intérêts particuliers, des visées particulières, des points de vue empruntés à la vie et l'intérêt privés. »

Alexis de Tocqueville,
séance à la Chambre des députés,
27 janvier 1848.

Introduction

Encore plus !

Ce livre est né d'une indignation. Celle de voir la France des privilégiés continuer à en avoir « encore plus » quand les classes populaires en ont « encore moins ». La France qui a davantage ne se résume pas à une poignée de riches, qu'elle désigne souvent d'elle-même de sa vindicte. Elle est beaucoup plus large : c'est la France des cadres supérieurs, des diplômés des bonnes écoles, dont une bonne partie vote à gauche. À une bourgeoisie économique traditionnelle s'ajoute une bourgeoisie[1] intellectuelle, bien assise sur son diplôme. À l'autre bout de la hiérarchie sociale, la France qui en a encore moins ne se limite pas à la misère, aux mal-logés et aux sans-abri. C'est celle de tous ceux qui ont manqué la marche de l'école, n'ont pas obtenu le bon statut d'emploi et qui galèrent au quotidien. Une France d'employés, d'ouvriers, d'immigrés

1. Que l'on peut appeler « classe aisée » si le terme de « bourgeoisie » fait peur. Il ne fait pas référence à la théorie marxiste de la lutte des classes mais à la domination d'un groupe du fait de son capital économique et/ou culturel.

en partie. Souvent féminine. Entre les deux, les couches moyennes, habituées au progrès, voient leurs revenus stagner, et pour elles le freinage est brutal.

France d'en haut, France d'en bas et France du milieu s'éloignent. Alors que le niveau de vie des classes aisées progresse, celui des classes populaires stagne depuis deux décennies, celui des classes moyennes depuis une quinzaine d'années. Ce changement est historique pour notre pays. Ceux du bas de l'échelle expriment de plus en plus bruyamment leur mécontentement dans les urnes ou dans la rue. Pour tenter de « faire peuple » et de se rabibocher avec eux – ne serait-ce que le temps d'une élection –, les plus favorisés déploient des trésors d'imagination. Au peuple, ils livrent des boucs émissaires. Quand la gauche montre du doigt l'hyper-richesse, à droite (surtout) de l'échiquier politique on cible les « assistés » qui vivraient aux crochets de la société, et les immigrés qui « menacent l'identité française » et « prennent le travail » des natifs. Comme si 7 % d'étrangers – dont 40 % d'Européens – pouvaient mettre en danger les 93 % restants. Comme si les assistés du monde contemporain n'étaient pas d'abord ceux qui profitent d'insolentes niches fiscales ou qui vivent d'abondantes retraites ou de rentes du capital. Pour un RSA versé qui retourne *illico* dans le circuit économique, combien de milliards de baisses d'impôts en faveur des plus riches ont alimenté leurs placements financiers ? Cette démagogie, à part légitimer la démagogie originelle, celle du Rassemblement national, ne règle pas le problème. Le mistigri de la solidarité se passe de main en main sans voir que notre problème est de mettre en œuvre une redistribution à grande échelle et un effort collectif, partagé par tous.

« Toujours plus ! », s'exclamait au début des années 1980 le journaliste François de Closets[1] dans un livre à succès à travers lequel il documentait avec talent l'accumulation des inégalités, petites ou grandes. L'époque était à la critique sociale. La haute administration essayait encore de comprendre les fondements de Mai 1968 et ses répercussions. En 1975, le jeune Laurent Fabius, tout juste sorti de l'ENA, avait publié *La France inégale*[2]. En 1979, la « Commission des inégalités sociales » du Commissariat général du plan, présidée par Jacques Méraud, rendait un rapport[3] destiné à dresser l'état des lieux dans une France secouée par les premiers chocs pétroliers.

« Espérons qu'il ne faudra pas attendre des années pour que les descriptions de *Toujours plus !* cessent de correspondre à la réalité », écrivait François de Closets dans une postface ajoutée à son livre en 1983. Malheureusement, sa formule reste vraie, mais, alors qu'à l'époque la crise ne faisait que ses premiers pas, quatre décennies ont passé. Elle s'est installée, le chômage et la précarité se sont incrustés dans la société. Les plus aisés en veulent encore plus alors qu'une partie des classes populaires et moyennes est mise au régime. Elle attend toujours le « ruissellement » qui devait arriver des

1. François de Closets, *Toujours plus !*, Grasset, 1982. Le livre eut à l'époque un énorme retentissement et « le travail d'un journaliste se vit conférer le statut d'un rapport sur l'état des inégalités », comme l'écrit l'auteur en postface, p. 334.

2. Laurent Fabius, *La France inégale*, Hachette, 1975.

3. Jacques Méraud, *Rapport de la commission des inégalités sociales*, Commissariat général du plan, La Documentation française, 1975.

baisses d'impôts menées depuis plus de vingt ans. La situation sociale est de plus en plus tendue. La crise économique de 2008 a vu le chômage exploser. La tragédie du coronavirus a fait mettre un genou à terre à la France populaire. Les niveaux de vie stagnent ou diminuent pour la majorité de la population.

Certains auteurs ont compris l'enjeu et se sont lancés sur le marché des inégalités, case longtemps restée peu occupée. Les ouvrages fleurissent. Depuis quelques années, c'est la surenchère. L'épisode des Gilets jaunes et plus encore la crise du coronavirus ont donné lieu à une foire intellectuelle autour du sujet, la presse faisant mine de découvrir une situation sociale dénoncée depuis des années. Tout est devenu inégalité, dans un grand mélange sans hiérarchie, de l'inégalité devant la mort à celle de vivre dans un espace étroit, de perdre son emploi ou deux mois de cours. Notre propos est de décrire les privilèges des uns et les difficultés des autres, sans en rajouter, en refusant de cibler de façon démagogique tel ou tel groupe, d'utiliser ici les méthodes que l'on reproche aux autres.

La peinture d'une situation apocalyptique fait vendre, mais, comme pour le climat, la peur paralyse. À quoi bon se mobiliser si les dés sont jetés ? Pourquoi irais-je revendiquer si on m'explique que l'armée de réserve du chômage est formée de millions de personnes qui n'attendent que de prendre ma place au moindre signe du patron ? Moi qui suis caissière à mi-temps payée au smic – gagnant donc environ 600 euros par mois –, est-ce que je ne devrais pas déjà m'estimer heureuse ? À force de jouer la surenchère, on obtient une chose simple : le fatalisme s'installe, et les inégalités se reproduisent toutes seules. Chacun reste à sa place, exécutant la partition qu'on lui a donnée.

Le déclinisme rassure les générations qui vieillissent. Quitter un monde en perdition est moins difficile que de laisser un monde dans lequel on vit de mieux en mieux. Il est frappant de voir comment le discours autour du « tout se perd » se perpétue et se trouve aujourd'hui entonné par les générations du baby-boom. La rengaine du bon vieux temps : la France des années 1960-1970 est présentée comme un modèle de société. Le temps béni où l'on ne connaissait ni le chômage ni les zones commerciales. Et presque pas l'automobile. Le bonheur. Le lecteur âgé a bien vécu et en plus il quitte un monde qui s'achève. Il peut s'en aller en paix.

Une partie du raisonnement est vraie. Dans les années 1970, le chômage n'existait pas ou presque. Mais le taux de pauvreté était 1,5 fois équivalent à celui d'aujourd'hui et les bidonvilles qui entouraient Paris et d'autres grandes villes n'avaient rien à voir avec ceux que l'on connaît actuellement. La France comptait une population largement sous-diplômée par rapport à ses voisins. 15 % de jeunes obtenaient le bac. On se nourrissait de poulet aux hormones et la première chaîne de télévision relayait, droit dans ses bottes, la propagande du pouvoir.

Nous allons donc alerter sur les inégalités, mais aussi tenter de montrer ce qui s'améliore, de dégager des pistes pour demain.

Le propos de ce livre est d'éviter la simplification boostée sur les réseaux sociaux et les plateaux télé à coups de petites phrases par de « bons clients » qui « clashent », comme on dit maintenant. Une partie des pseudo-consultants qui occupent les plateaux pour parler de tout et de rien n'est pas méchante, elle n'a juste pas grand-chose à dire, elle fait passer le temps d'antenne en donnant son avis sur tout ou rien. Elle est là pour vendre le média qui l'emploie ou le énième sondage : elle ressasse les lieux communs du moment, assez souvent la communication du gouvernement en place.

Cela va plus loin désormais. Le bruit créé par ceux qui mettent en scène leur radicalisme dans une course sans fin à l'audience devient assourdissant. Pour partie, il s'agit d'un cirque : « Un flux télévisuel commente donc un flux sur les réseaux sociaux qui commentait un autre flux télévisuel. La critique se dissout, le spectacle est total et tout cela a l'air d'un joyeux moment de divertissement[1] », commente Guillaume Grignard. La dérision joue parfois un rôle ambigu. La xénophobie s'affiche ouvertement sans inquiéter ceux qui la diffusent tant ils ont besoin d'argent ou parce que cela les amuse eux-mêmes. Au bout du compte, cette pensée en noir et blanc occupe une place croissante alors qu'il nous faudrait de la couleur pour mieux comprendre ce qui se passe dans un monde où les transformations sont rapides. Comme le signalait Camus : « Celui que j'insulte, je ne connais plus la couleur de son regard, ni s'il lui arrive de sourire et de quelle manière. Devenus aux trois quarts aveugles par la grâce de la polémique, nous

1. Guillaume Grignard, « Une Julie Graziani en cache beaucoup d'autres », The Conversation, theconversation.com, version du 18 novembre 2019.

ne vivons plus parmi des hommes, mais dans un monde de silhouettes[1]. »

Le travail qui est réalisé ici est le fruit de trois décennies d'enquête et d'observation de la société française[2], au sein du magazine *Alternatives économiques* puis, à partir de 2011, avec la fondation du Centre d'observation de la société française (www.observationsociete.fr)[3]. Il est aussi le produit de dix-sept années d'études des inégalités avec l'Observatoire des inégalités (www.inegalites.fr), créé par l'auteur en 2003 avec deux compères, Patrick Savidan et Serge Monnin. L'objectif est de dresser un tableau de la société française faisant apparaître ses fractures et de montrer comment celles-ci sont camouflées dans un contexte de croissance lente depuis vingt ans. Comment en particulier l'incapacité à reprendre le chemin d'un plein-emploi de qualité pèse sur la vie de classes populaires et moyennes.

La France qui subit aujourd'hui, celle du bas de l'échelle, qui en a « encore moins », est d'abord celle des flexibles au travail, dans leur immense majorité des peu ou pas diplômés. Celle des 8 millions de salariés à l'horizon de vie grignoté par la précarité ou le chômage. Des non-salariés qui vivent au gré de petits contrats. De ceux qui usent leur corps au travail à la chaîne, en œuvrant dans la poussière ou en portant des charges lourdes. Cette France de l'insécurité sociale a un visage : celui des employés et des ouvriers peu ou non qualifiés,

1. Texte d'une conférence donnée en 1948, cité par Jean Birnbaum dans « Albert Camus, tout en équilibre », *Le Monde*, 23 août 2020.

2. Il s'inscrit dans le prolongement de mon ouvrage *Déchiffrer la société française*, La Découverte, 2009.

3. Avec le soutien du bureau d'études nantais Compas.

des « ubérisés », des indépendants (du bas de l'échelle). Pour une grande part, cette France a animé les manifestations des Gilets jaunes.

Cette France flexible est aussi une France des services, voire des serviteurs. Pour vivre pleinement la société de consommation, les classes favorisées ont besoin de petites mains qui travaillent à contretemps de la vie en société : la nuit, le dimanche, pendant les jours fériés... Pour garantir des tarifs attractifs, cette main-d'œuvre doit être mal rémunérée et parfois subventionnée par des baisses d'impôts destinées aux employeurs, comme c'est le cas pour les emplois domestiques. Une bonne partie de la France qui se lève tôt pour des métiers pénibles est d'origine immigrée et féminine. Malléable, cette main-d'œuvre doit laisser au vestiaire son autonomie et s'adapter aux ordres de la hiérarchie ou du client. Pour une grande part, si on y ajoute les soignants de l'hôpital, c'est aussi cette France qui est restée en poste lors de la crise du coronavirus.

La situation des « classes moyennes », au cœur de la société française, n'a rien à voir avec les clichés qu'on en donne. À l'interface entre ceux qui donnent les ordres et ceux qui les exécutent, elles ne sont ni « étranglées » ni « en voie de disparition », comme on le raconte. Elles ne vivent pas pour autant dans l'opulence. En France, le niveau de vie médian de la population est d'environ 1 800 euros par mois pour une personne seule. Ce niveau stagne depuis quinze ans, on l'a dit, et cette évolution contraste avec la période antérieure.

La frustration d'une partie des classes populaires et moyennes augmente, comme leur détestation de ceux qui dirigent. Cette tension ne trouve pas sa source dans la peur de l'étranger, mais dans un écart croissant entre une large frange privilégiée et ceux qui sont à son service. C'est moins la situation sociale elle-même que l'injustice qui alimente les frustrations. Le sentiment d'être mis à l'écart du progrès quand une partie favorisée continue à s'enrichir, envoyer ses enfants dans les bonnes écoles, avoir un horizon de vie dégagé, profiter des bienfaits de la consommation tout en tenant de beaux discours sur l'égalité des chances.

Qui sont donc les privilégiés de la France du XXIe siècle ? La constitution de fortunes colossales est indécente et nous indigne, comme la grande majorité de la population. La voracité de ceux que l'on pourrait appeler les « tellement plus » semble sans fin. Cette France ultra-riche est dénoncée avec raison. Il faut dire que notre pays soigne les plus aisés : après la Suisse, notre pays est, en Europe, celui où les 1 % les plus riches ont le niveau de vie le plus élevé. Mais notre définition des classes aisées est beaucoup plus large que ce sommet des revenus. Nous considérons qu'elles regroupent environ un cinquième des emplois. Principalement des cadres supérieurs salariés et la partie favorisée des indépendants. Pour appartenir à ce cinquième supérieur, il faut toucher plus de 2 600 euros net par mois pour une personne seule après impôts. On est loin de ces 1 % du haut – au-delà de 6 700 euros mensuels – sur lesquels se concentre le débat. Mais quand vous vivez avec un revenu supérieur à 80 % du reste de la population, peut-on encore vous qualifier de « moyen » ?

Ces catégories dominantes n'ont de cesse de mettre en avant de « nouvelles fractures ». Les discriminations selon l'origine, les inégalités entre les femmes et les hommes, entre les générations, ou selon les territoires, pour réelles qu'elles soient, fonctionnent comme des contre-feux, ce qui contribue à éloigner le débat de la fracture sociale. On oublie la précarité du travail féminin devant la nécessité de l'égalité de genre parmi les dirigeants. Les jeunes étudiants sont censés traverser les mêmes difficultés que ceux qui travaillent sur les chantiers ou dans les hypermarchés depuis l'âge de 16 ans. Les cartes censées décrire les inégalités territoriales ne reflètent bien souvent que leur composition sociale sur le territoire concerné.

De la même façon que, au nom de l'insécurité, on limite les libertés publiques, au nom de la flexibilité (donc l'insécurité sociale) on taille en pièces l'égalité. « Voulons-nous vraiment l'égalité[1] ? », s'interrogeait il y a quelques années Patrick Savidan. À qui se réfère ce « nous » collectif ? À toute la population ? Au peuple des smicards, des classes moyennes fragilisées ? À une droite qui n'a jamais fait des inégalités sa préoccupation majeure ? C'est surtout au sein d'une partie de la bourgeoisie intellectuelle de gauche qui ne cesse de brandir l'égalité comme un étendard que l'hypocrisie est grande et à propos de laquelle on peut se demander si elle veut « vraiment » l'égalité. Faites ce que je dis, pas ce que je fais. Ces catégories méprisent profondément le mode de vie « consumériste » des classes

1. Patrick Savidan, *Voulons-nous vraiment l'égalité ?*, Albin Michel, 2015.

populaires et moyennes qui aspirent au confort matériel.

Sur quoi débouchent ces tensions ? Annoncent-elles l'avènement d'un pouvoir autoritaire auquel nous vendrions notre âme, à la mode chinoise ? Rien n'est joué. Si l'affaire était entendue, ce livre n'aurait aucun intérêt. Autant aller à la pêche, fumer une dernière cigarette avec une bonne bouteille devant une série. Au moins, cela détend. En rajouter, c'est se faire plaisir dans l'entre-soi des convaincus, cela ne fait guère « bouger les lignes », comme on dit aujourd'hui. Beaucoup donnent le sentiment de ne pas chercher à convaincre. La critique des inégalités implique de la passer au contrôle qualité : autant des outils que des analyses, au risque de tout devoir jeter, sinon.

Le modèle social français demeure l'un des plus performants au monde. Toutes les enquêtes sur les valeurs montrent que les Français, dans leur immense majorité, ne considèrent pas les plus pauvres ou les étrangers comme les responsables de leurs difficultés. Le vote extrême est d'abord un vote de ras-le-bol généralisé. Un « dégagisme » de citoyens qui ne supportent plus l'hypocrisie des discours et le mépris des catégories aisées. Si c'est être « populiste » que de défendre ceux qui paient contre ceux qui engrangent, assumons le qualificatif.

La mobilisation des Gilets jaunes puis plus récemment encore la crise du coronavirus, comme bien d'autres au fil de notre histoire, ont montré notre capacité de résistance collective. La France est très loin d'être convertie à l'individualisme et nous avons largement les moyens d'améliorer notre modèle social. Nous en donnerons quelques pistes. Faute de direction globale, un très grand nombre de mobilisations s'organisent sur le terrain. Toute la question est de savoir qui saura, d'un point de vue politique, répondre aux attentes des classes populaires et moyennes. La France qui n'attend pas le grand soir mais plutôt qu'on lui donne des perspectives, en luttant contre l'insécurité sociale dont elle est victime et en répondant à des besoins concrets.

1

Une hypocrisie française

Les inégalités sont à la mode. Elles occupent le terrain médiatique, arrangées à toutes les sauces. Il y a d'abord ce fameux combat pour « l'égalité des chances ». Mais des chances « de quoi ? ». Devons-nous vraiment être des égaux dans un monde de brutes ? Arriver au sommet après avoir marché sur la tête des autres ? Cette égalité en modèle réduit tellement mise en avant occulte le fonctionnement inégalitaire du système dans lequel nous vivons.

Pour la bonne cause, et avec raison, on s'insurge des inégalités de genre, de territoire, entre générations ou origines. Comment ne pas voir que, si les causes sont justes, certains poussent les feux pour détourner l'attention de la domination subie par les classes populaires et moyennes. De la même façon, pour tenter de rallier les classes populaires, on montre du doigt à gauche la France d'en haut, à droite la France d'en bas, composée des « assistés » et des immigrés.

Le débat relancé sur les inégalités en France repose sur une hypocrisie largement partagée. Les grandes envolées lyriques, souvent à gauche de l'échiquier politique, cachent mal une large indifférence à la question des classes sociales. Comment a-t-on pu en arriver là ? Essayons de démonter la machine à occulter les inégalités entre milieux sociaux.

L'égalité sur le devant de la scène

Au début des années 2000, quand est fondé l'Observatoire des inégalités, la question des inégalités ne passionne pas les foules. Le *Toujours plus !* de De Closets a été un grand succès d'édition vingt ans plus tôt, mais sans lendemain, au contraire. Le magazine *Alternatives économiques*, sous la houlette de son fondateur Denis Clerc, souligne le risque que constitue la montée des inégalités pour la société[1]. Des syndicalistes et des experts de gauche se mobilisent pour fonder un « Réseau d'alerte sur les inégalités ».

Du côté des chercheurs, les sociologues Alain Bihr et Roland Pfefferkorn publient en 1995 la première édition de *Déchiffrer les inégalités*[2], ouvrage qui rassemble un vaste ensemble de données. La sociologie française laboure le terrain des inégalités sociales depuis longtemps. La publication de *La Distinction* par Pierre Bourdieu en 1979[3] a marqué les esprits. Un ensemble

1. Voir par exemple Denis Clerc, « Inégalités : une dure réalité », *Alternatives économiques*, novembre 1985.

2. Alain Bihr et Roland Pfefferkorn, *Déchiffrer les inégalités*, Syros, 1995.

3. Pierre Bourdieu, *La Distinction. Critique sociale du jugement*, Éditions de Minuit, « Le sens commun », 1979.

d'universitaires, notamment de jeunes chercheurs, s'en inspirent avec plus ou moins de distance. Un jeune philosophe, Patrick Savidan, dirige avec l'économiste Jean-Paul Fitoussi un numéro de la revue *Comprendre*[1] consacré aux inégalités.

Toutes ces initiatives n'occupent qu'une faible place médiatique, mais les choses vont vite changer. En 2002, tremblement de terre politique, Jean-Marie Le Pen est présent au second tour de l'élection présidentielle. En 2005, les cités s'enflamment à partir de la banlieue nord-est de Paris. Le gouvernement décrète l'état d'urgence pour trois mois. Les dégradations ne se contiennent plus aux seules cités, même les habitants des quartiers plus favorisés commencent alors à prendre peur. Petit à petit, la thématique des inégalités s'installe.

Jacques Chirac avait déjà mené campagne sur le front de la « fracture sociale » en 1995 mais l'affaire avait fait long feu. Désormais, elle devient un argument politique. Chaque président entame le même refrain avec une proximité étonnante. « Ceux qui ont le sentiment que, quoi qu'ils fassent, ils ne pourront pas s'en sortir doivent être sûrs qu'ils ne seront pas laissés de côté et qu'ils auront les mêmes chances que les autres », s'enflamme Nicolas Sarkozy le 6 mai 2007, quelques instants avant de fêter son élection au Fouquet's. « Quand, au terme de mon mandat, je regarderai à mon tour ce que j'aurai fait pour mon pays, je ne me poserai que ces seules questions : est-ce que j'ai fait avancer la cause de l'égalité ? Est-ce que j'ai permis à la nouvelle génération de

1. « Les inégalités », *Comprendre*, Jean-Paul Fitoussi et Patrick Savidan (dir.), n° 4, PUF, 2003.

prendre toute sa place au sein de la République ? », promet François Hollande le 6 mai 2012, au soir de son élection. Emmanuel Macron affirme pour sa part : « Les Françaises et les Français qui se sentent oubliés par ce vaste mouvement du monde devront se voir mieux protégés. Tout ce qui forge notre solidarité nationale sera refondé, réinventé, fortifié. L'égalité face aux accidents de la vie sera renforcée » (14 mai 2017).

Ces rappels sont cruels pour leurs auteurs, mais la question des inégalités est redevenue un sujet du débat public. Les plus favorisés vont donner le change à la contestation et tenter de calmer les catégories populaires en employant trois méthodes que nous allons détailler. Un : mettre l'accent sur les inégalités des « chances », de mérite, pour éviter d'ouvrir la boîte de Pandore de l'organisation de la société. Deux : cadrer le discours politique sur les inégalités en tout genre (d'âge, de genre, de territoire, etc.) pour mieux faire passer au second rang les inégalités sociales. Trois : cibler des boucs émissaires. Et ça marche, au moins provisoirement, comme nous allons le voir.

Que le meilleur gagne ?

La première façon de montrer qu'on s'occupe de la question des inégalités sans remettre en cause l'ordre social consiste à placer le débat sur le terrain de l'égalité des « chances »[1]. Une sorte d'égalité à portée

1. Sur cette question, voir le livre lumineux : François Dubet, *Les Places et les Chances. Repenser la justice sociale*, Éditions du Seuil, 2010.

réduite, où l'important est que le meilleur gagne sans remettre en cause la compétition elle-même. En France, le rapport au Premier ministre de la commission présidée par Alain Minc en 1994, intitulée « la France de l'an 2000 », constitue la bible dans ce domaine. Il s'agit de tailler en pièces « la vieille réponse égalitaire[1] » au profit de l'équité. Au Royaume-Uni, c'est le programme du parti travailliste arrivé au pouvoir en 1997. « L'égalitarisme à tout prix [...] n'a désormais plus d'avenir devant lui », « La gauche moderne doit développer une approche dynamique de l'égalité fondée sur l'égalité des chances », écrivent en 2002 l'ancien Premier Ministre britannique Tony Blair et le sociologue très à la mode alors Anthony Giddens[2].

Ce changement assure une cohérence idéologique à l'association entre libéralisme culturel et libéralisme économique dans une sorte de libéralisme[3] total qui serait le cœur doctrinaire des Modernes d'aujourd'hui. L'association entre le Mariage pour tous et la flexibilité du travail. Un corpus assumé par La République en marche et au plus haut de l'État par le futur président de la République d'aujourd'hui Emmanuel Macron qui, ministre de l'Économie, indique qu'il se situe dans le camp du « libéralisme politique et économique » sans

1. Alain Minc, *La France de l'an 2000. Rapport au Premier ministre*, Odile Jacob, 1994. Une sorte de programme de La République en marche avant l'heure.

2. Tony Blair et Anthony Giddens, *La Troisième Voie*, Éditions du Seuil, « La couleur des idées », 2002.

3. « Libéralisme » est un terme usurpé dans le domaine économique : il est en fait un néoconservatisme restreignant le plus souvent les libertés de ceux qui travaillent.

être désavoué par le président de l'époque[1]. Affirmation impensable quelques années auparavant. Cette transformation politique marque la fin d'un long processus d'évolution de la doctrine d'une partie de la gauche, sur lequel nous reviendrons. Elle abdique sur sa capacité à réguler sérieusement les forces du marché pour se concentrer sur la prise en compte de l'évolution des mœurs. Au fond, elle accepte alors le changement de terrain du débat politique, d'où la place prise à partir des années 2000 par les questions d'insécurité et d'immigration.

Dans les nouveaux discours, c'est « l'égalité des opportunités » qui compte. Chaque pauvre doit pouvoir devenir riche. Emmanuel Macron développe son analyse le 9 juillet 2018 devant le Parlement réuni en congrès : « Il y a une voie française vers l'inégalité. Elle progresse depuis plus de trente ans. Il ne s'agit pas, comme chez nombre de nos voisins, d'une inégalité de revenus, même si elle existe. Non, ce qui s'est installé avant tout en France, ce sont les inégalités de destin : selon l'endroit où vous êtes né, la famille dans laquelle vous avez grandi, l'école que vous avez fréquentée, votre sort est le plus souvent scellé. Et ces inégalités de destin durant les trente dernières années ont progressé dans notre pays, qu'on veuille le voir ou non. » Le Président a restreint le domaine de définition du débat sur l'égalité à celle des « chances », il adopte cette fameuse hypocrisie des libéraux économiques dont les discours sont à l'opposé de leurs actes. Il maîtrise l'art du « en même temps » : il vient juste de prendre des

1. *Le Monde*, 29 septembre 2015.

mesures fiscales qui permettent aux plus aisés d'accumuler davantage (réduction de l'impôt sur la fortune et de la fiscalité des revenus du patrimoine), qui vont rendre encore plus grandes les inégalités de « destin ». Il va continuer sur sa lancée, alors même que la France entre dans la plus grande crise économique depuis la Seconde Guerre mondiale. À l'été 2020, en pleine crise du coronavirus, alors que le chômage et la pauvreté grandissent, la majorité présidentielle vote une mesure qui permet de défiscaliser encore plus les dons entre grands-parents, parents et enfants à condition qu'ils fassent des travaux d'économie d'énergie ou construisent leur maison notamment. Pas moins de 100 000 euros de plus peuvent changer de main par parent et par enfant : un couple peut ainsi verser 400 000 euros supplémentaires à ses deux enfants[1] sans qu'ils aient à payer d'impôt sur les successions. Les inégalités de destin sont promises à un bel avenir par l'accumulation des fortunes.

Si chacun peut accéder à toutes les places, si son « destin » est ouvert, la façon dont notre système fonctionne globalement n'a pas grand intérêt. On se moque qu'il écrase le plus faible, qu'il déclasse à tour de bras puisque c'est l'économie « équitable » d'en haut. « Je crois à la cordée, il y a des hommes et des femmes qui réussissent parce qu'ils ont des talents, je veux qu'on les célèbre. [...] Si l'on commence à jeter des cailloux sur les premiers de cordée, c'est toute la cordée qui dégringole[2] », indique le Président. Ces premiers de cordée, il

1. Louis Maurin, « Le bonus aux héritiers de La République en marche : une gifle pour la France populaire », Observatoire des inégalités, version du 22 septembre 2020.

2. TF1, intervention du 15 octobre 2017.

n'aura de cesse de les célébrer et aussi de les remercier de l'avoir porté à la présidence, même au plus fort de la crise de 2020 alors que la pauvreté et le chômage progressent. Le discours des économistes du XVIIIe et XIXe siècle est présenté comme « moderne ». La « main invisible » du marché de l'économiste Adam Smith (dans un ouvrage de 1776) doit être au cœur de notre organisation sociale. La recherche de l'intérêt individuel conduit au bien commun. Ceux qui veulent réguler ce marché, le rendre plus solidaire et justement moins individualiste – ces « égalitaristes » – sont disqualifiés. Des 35 heures au droit du travail, le monde libéral part à la chasse aux « tabous » pour démonter le modèle social.

En pratique, personne ou presque ne conteste le principe du mérite qui fonde l'égalité des chances. « L'égalité arithmétique va à l'encontre de l'idée même de justice, dès lors que la diversité humaine est prise en compte : non pas seulement en termes d'effort, mais également de besoins, de désirs ou de handicaps[1] », rappelle l'économiste Arnaud Lechevalier. Si l'égalité consiste à avoir les mêmes escaliers qui conduisent au métro, la personne handicapée va avoir bien du mal à y accéder. Dans les entreprises, le principe des écarts de salaires est intégré. Qu'une personne qui vient d'arriver gagne moins que celui qui est là depuis dix ans et a acquis de l'expérience ne choque personne.

À moins de vivre dans une société d'abondance, on a besoin de critères pour répartir les avantages des uns et des autres. Un élève comprend facilement l'injustice qui

1. Arnaud Lechevalier, « Les enjeux d'une société juste », *Alternatives économiques,* hors-série n° 49, « La société française », 3e trimestre 2001.

consiste à déterminer sa note à l'aide d'un dé, ou en jetant les copies dans un escalier et en les notant en fonction de la marche sur laquelle elles sont tombées. Le mérite vaut mieux que le hasard ou la naissance. Comme l'a bien expliqué le sociologue François Dubet : « Bien qu'il ne soit ni réaliste ni même raisonnable de croire que l'égalité des chances parfaite soit réalisable, et bien qu'il soit peut-être dangereux de le laisser penser, il ne serait ni souhaitable ni possible d'abandonner cette épure. Celle-ci est une fiction nécessaire[1]. »

Le mérite est utile faute de mieux, mais il reste bien une fiction. Le plus souvent, on ne sait mesurer à qui il revient dans des sociétés où la production s'effectue de manière collective, notamment pour les plus qualifiés. Surtout, les conditions d'une juste compétition sont le plus souvent impossibles à mettre en œuvre. À l'école par exemple, il faudrait pour cela soustraire les enfants à leur famille...

Cette fiction peut être dangereuse. Une société fondée sur l'égalité des chances peut être invivable si elle repose sur une compétition acharnée pour des postes inégaux. Dans une société où règne le « que le meilleur gagne », malheur aux perdants. À partir du moment où la compétition est juste, celui qui perd est le seul responsable de sa situation et ne peut s'en prendre qu'à lui-même. Comme le montre David Guilbaud[2], la mise en avant du mérite permet aux gagnants de la compétition de justifier l'ordre établi. S'ils sont là où ils sont, c'est « qu'ils le valent bien », pourrait-on dire. Ils ont gagné au bout

1. François Dubet, *L'École des chances. Qu'est-ce qu'une école juste ?*, Éditions du Seuil, « La République des idées », 2004.

2. David Guilband, *L'Illusion méritocratique*, Odile Jacob, 2018.

d'une compétition juste, leur récompense est le fruit de leurs efforts, leur talent, etc.

Les partisans de l'égalité des chances ont un horizon limité. Souvent, ils projettent leur réussite personnelle comme modèle. Tout le monde n'a pas comme super-héros le premier de cordée. Ni même l'envie de diriger quoi que ce soit. Jouer les uns contre les autres peut même être un passe-temps mortifère qui conduit à la violence et dégrade les conditions de vie. Bref, la main invisible d'Adam Smith est aussi un pousse-au-crime.

Cette société de la compétition où l'on se bat les uns contre les autres n'est ni un idéal ni supportée par tout le monde. Environ 8 % des élèves décrochent chaque année. Des milieux défavorisés dont l'éducation est en décalage avec le modèle scolaire, mais aussi parmi les plus favorisés qui disjonctent, n'arrivent pas à suivre le rythme alors que la pression familiale est maximale. Une partie d'entre eux réussissent, mais entrevoient le fait que la compétition pour la compétition n'a pas de sens pour leur vie. Que les gains qu'on leur fait miroiter sont en réalité d'un faible intérêt, que leurs futurs emplois n'ont aucun sens. Ils ne veulent plus des *bullshit jobs* (littéralement : « emplois à la con »), pour reprendre l'expression de l'anthropologue David Graeber[1], qui les attendent à la fin de leur cursus. En France, Jean-Laurent Cassely a décrit ce qu'il appelle une « révolte des premiers de la classe[2] » qui en ont assez des métiers qui rapportent mais n'ont aucun sens, et s'investissent dans de nouvelles acti-

1. David Graeber, *Bullshit Jobs*, Les Liens qui libèrent, 2018.

2. Jean-Laurent Cassely, *La Révolte des premiers de la classe. Métiers à la con, quête de sens et reconversions urbaines*, Arkhê, 2017.

vités, loin des sommets himalayens du monde du travail mais ô combien plus épanouissantes.

Sous la contrainte le plus souvent, mais aussi par choix, ce modèle inégalitaire est contesté. Nombre de jeunes adultes quittent l'univers de la ville et les emplois qui leur sont destinés pour aller refaire le monde, défendre un système à la fois plus solidaire et plus respectueux de l'environnement. Ce n'est pas nouveau – le mouvement des néoruraux était déjà bien présent dans les années 1970 –, mais le rejet de l'hyperconsommation suscite des vocations, alimentées par le déclassement des jeunes. Bien au-delà des seuls militants qui se replient dans des « zones à défendre ».

Ce décrochage du monde de la compétition n'est pas l'apanage des jeunes les plus favorisés et ne se fait pas toujours par choix. Il a une face bien moins reluisante. Une partie importante des femmes et un nombre de plus en plus grand d'hommes baissent les bras devant la dégradation du marché du travail et les emplois misérables auxquels ils peuvent prétendre. C'est le cas des femmes peu qualifiées depuis des années, mais la baisse du taux d'activité des hommes est un phénomène inédit. Amorcée dès le début des années 1990, elle s'est accélérée avec la crise de 2008. Pas moins de 1,6 million de personnes ne sont pas comptabilisées officiellement comme actives, n'apparaissent donc plus dans les statistiques du marché du travail, mais déclarent vouloir travailler quand l'Insee les interroge.

Comment faire valoir son mérite

Toutes les catégories de population ne sont pas armées de la même manière pour participer au débat sur les critères du mérite qui est le produit d'un rapport de force social. Comprendre la question des inégalités doit nous amener à analyser les mécanismes de construction du débat sur le sujet. Tout en produisant un discours sur la concurrence, les élites tenantes de l'égalité des chances sont structurées collectivement pour conserver leurs places. « La référence au marché, à la concurrence, à la compétition, apparaît comme dominante dans les discours des dominants, alors même que leurs pratiques sont bien loin de cet individualisme théorique », notent les sociologues Michel Pinçon et Monique Pinçon-Charlot[1], spécialistes de la grande bourgeoisie.

Le sommet de la pyramide sociale n'est pas seul à s'organiser. D'une manière plus large, les classes favorisées mettent en avant la logique de la compétition mais se protègent pour éviter que l'on ne remette en cause leurs privilèges. Comme le note Patrick Savidan, la mise en avant de l'égalité des chances par les plus favorisés a un objectif politique : « Conçue dans une perspective radicalement individualiste, [elle] autorise et rend invisibles les inégalités sociales les plus profondes et les plus durables. Derrière son étendard se recomposent ainsi des castes, se redéfinissent des privilèges, s'élaborent à nouveau des langages de stigmatisation destinés à énoncer la

1. Michel Pinçon et Monique Pinçon-Charlot, *Sociologie de la bourgeoisie*, La Découverte, « Repères », 2003.

condition de ceux qui n'auront su saisir leur "chance"[1]. » Les médecins ou les cheminots sont bien mieux placés pour défendre leurs intérêts que les vendeuses ou les caissières, par exemple. Certaines catégories de population dominent le débat public : les hommes, âgés, diplômés, aisés et blancs ont quelques avantages pour justifier leur position. En commandant l'agenda politique, les groupes sociaux les mieux représentés contribuent à forger des représentations collectives et à influencer les politiques.

Au jeu de la confrontation des intérêts, la médiatisation joue un rôle essentiel. Une minorité de journalistes défendent sciemment les intérêts de telle ou telle catégorie à laquelle ils sont liés. Ce type de trafic d'influence n'est pas l'essentiel : l'immense majorité des professionnels de la presse tente d'exprimer honnêtement le point de vue des uns et des autres, de leur donner la parole à tour de rôle. On ne manque pas de reportages pour s'apitoyer sur les plus défavorisés des plus défavorisés, notamment par temps de grand froid. La société est ainsi reflétée dans un miroir médiatique déformant. Toute une France populaire et moyenne y est très peu présente, sauf de manière misérabiliste : les classes moyennes « étranglées », le « pauvre habitat pavillonnaire périphérique », etc. Au total, d'un côté une France d'ultra-privilégiés, et de l'autre une frange de très pauvres occupent le terrain.

La France d'en bas est le plus souvent vue de manière surplombante. Combien d'enseignants, de médecins ou d'avocats doit-on entendre pour qu'une

1. Patrick Savidan, *Repenser l'égalité des chances*, Grasset, 2007, p. 304.

femme de ménage ou un maçon puisse s'exprimer ? Les cadres supérieurs représentent 60 % des personnes dans les programmes de télévision *via* la fiction, les divertissements et les programmes d'information, selon le baromètre de la diversité à la télévision publié par le Conseil supérieur de l'audiovisuel (CSA), alors qu'ils constituent 10 % de la population totale (données 2019)[1]. Les ouvriers ne forment que 2 % des personnes vues à la télévision alors qu'ils regroupent 12 % de la population totale, toujours selon les données du CSA. Au total, les cadres sont 30 fois plus présents que les ouvriers. Les plus favorisés ont les moyens financiers, pour se faire entendre, de s'offrir des conseils en communication, des pages de publicité, des services de relations presse, des sondages, etc. C'est loin d'être simplement une question d'argent : ils disposent de réseaux de sociabilité qui leur donnent accès aux médias dont ils maîtrisent les codes : le langage, les bons gestes, etc. La mise en avant du « ras-le-bol fiscal » à l'été 2013 est clairement le produit de la puissance médiatique de ceux qui sont le plus imposés.

En face, les « invisibles[2] » sont peu audibles. Les mouvements de soutien aux plus précaires (pauvreté, sans-papiers, mal-logement, etc.) se concentrent sur les situations les plus difficiles avec des moyens très limités. Les syndicats ne représentent plus qu'une fraction ultra-minoritaire des salariés – moins de 5 % dans le secteur privé – concentrés dans les grandes entreprises et les

1. Conseil supérieur de l'audiovisuel, « Baromètre de la diversité de la société française, vague 2019 », septembre 2020.

2. Voir Stéphane Beaud, Joseph Confavreux, Jade Lindgaard (dir.), *La France invisible*, La Découverte, 2006.

services publics. Leurs réseaux sont bien moins structurés que les cercles de pensée représentant les intérêts des couches favorisées qui offrent leur service clé en main aux médias, fait de sondages, à coups de notes de synthèses et de « bons clients ».

Une inégalité peut en cacher une autre (et vice versa)

Une seconde manière de faire diversion quant à la question sociale est de mettre en avant d'autres types d'inégalités. Cela s'appelle « cadrer » le débat là où vous le souhaitez, afin de déplacer l'attention notamment médiatique, mais aussi de vos adversaires[1]. En l'occurrence, le déplacer du terrain des inégalités sociales vers le genre, la couleur de peau ou le territoire. Ces « nouvelles inégalités » redécouvertes par la gauche[2].

Dans les années 1960, au temps du marxisme triomphant, pour la gauche une femme était d'abord une ouvrière, un Noir un ouvrier de couleur, un jeune un prolétaire ou un capitaliste en devenir. Si l'on met autant en avant les « nouvelles inégalités », de genre, de couleur de peau ou entre les générations, c'est en partie parce que la brutalité du raisonnement marxiste d'hier les a longtemps occultées[3]. « Lutte des classes,

1. Sur la manière de cadrer le débat, lire George Lakoff, *La Guerre des mots ou Comment contrer les conservateurs*, Les Petits Matins, 2014.

2. Pour le cas américain, voir Mark Lilla, *La Gauche identitaire. L'Amérique en miettes*, Stock, coll. « Les essais », 2018.

3. Pour aller plus loin, voir Louis Maurin, « Les classes sociales sont de retour ! », Observatoire des inégalités, 7 décembre 2015.

pauvres et riches, ouvriers et patrons ont fait les beaux jours de ceux et celles qui analysaient notre société [...], reléguant plus bas celles résultant d'autres caractéristiques[1] », résume la politologue Janine Mossuz-Lavau. Toute une partie des inégalités était minimisée au regard des rapports sociaux de classes. « La lutte des femmes pour leur émancipation est une lutte spécifique, réductible à aucune autre[2] », indique justement Martine Storti, qui rappelle comment la question des femmes a souvent été « passée à la trappe » du combat contre les inégalités sociales. Or, poursuit-elle, « la seule question sociale ne rend pas compte de la subordination des femmes et ne la corrige pas mécaniquement[3] ».

Notre histoire se résumait à la lutte du prolétariat en marche contre le grand capital : les autres inégalités s'effaçaient derrière cet ultime combat. Les féministes étaient pris entre le machisme de la droite et l'ouvriérisme de la gauche. Il était fréquent d'avoir à se défendre d'un « Je ne suis pas féministe, mais... ». Le terrain de la lutte était réservé à des militantes parfois contraintes d'utiliser la manière forte pour se faire entendre. Cela va durer très longtemps. Le livre *La Domination masculine* du sociologue Pierre Bourdieu paru en 1998 serait la bible des militants et militantes d'aujourd'hui. Il est à l'époque méprisé par la plupart des médias. *L'Express* y voit une « dénonciation un peu

---

1. Dans la préface de Réjane Sénac, *L'Égalité sous conditions*, Presses de Sciences Po, 2015.

2. Martine Storti, *Pour un féminisme universel*, Éditions du Seuil, « La République des idées », 2020, p. 78.

3. *Ibid.*, p. 80.

bourrine [*sic*][1] ». Si de nouvelles inégalités s'invitent d'autant plus fortement dans le débat, ce n'est pas seulement pour détourner l'attention, c'est aussi qu'on les a négligées. L'ampleur du mouvement actuel contre la domination masculine s'explique par la violence de cette domination du mâle blanc et hétérosexuel. Même chose (entre autres) pour l'antiracisme ou le combat des gays, lesbiennes, bi- et transsexuels. Un retour de bâton justifié.

Étaler le machisme sur la place publique, comme cela a été fait à l'occasion du mouvement #MeeToo, permet aux victimes, et surtout aux plus jeunes d'entre elles, de relever la tête. S'attaquer au racisme et aux discriminations fait désormais hésiter parfois les bailleurs à continuer à trier leurs locataires ou les employeurs leurs futurs salariés en fonction de leur couleur de peau. Le travail du sociologue Louis Chauvel[2] a été essentiel pour montrer comment les générations les plus récentes subissent la domination des plus anciennes, qui ne se résument pas uniquement aux inégalités sociales. La hausse du coût du logement ronge par exemple les revenus de la très grande majorité des jeunes, de tous milieux[3]. Enfin, la mise en avant de données territoriales a permis de localiser les inégalités, de montrer l'ampleur des difficultés que connaissent certains territoires des grandes villes où le taux de pau-

1. Ariane Poulantzas, « La domination masculine », *L'Express*, 1er octobre 1998.

2. Louis Chauvel, *Le Destin des générations. Structure sociale et cohortes en France au XXe siècle*, PUF, 1998.

3. Malheureusement, dans ce domaine, on touche aussi à des intérêts économiques et le #MeToo des générations n'a pas eu lieu.

vreté dépasse les 40 %. Tous ces combats sont justes et doivent être poursuivis.

Encore faut-il mesurer la dose d'hypocrisie de certaines postures. Combien – parmi ceux qui, il y a encore quelques années, méprisaient les féministes, niaient l'ampleur des discriminations ou n'avaient que faire des difficultés des jeunes – ont retourné leur veste et en sont devenus d'ardents défenseurs ? Se sont découvert un côté anti-inégalités, soudainement ? Pour une partie, il s'agit juste de regarder d'où vient le vent, mais ce positionnement n'est pas innocent. On passe d'un excès à l'autre : la jeune ouvrière doit se contenter d'être une femme. Un ouvrier de couleur perd son origine sociale. Tout est fait pour que ces discours, contenus, ne débordent pas de leurs cases, qu'ils ne viennent pas déranger l'ordre social.

Auprès du grand public, le débat sur la question des inégalités de genre se résume dans l'immense majorité des cas à l'accès des femmes aux postes de pouvoir, ce qui permet de continuer à défendre un modèle concurrentiel de société. Tant qu'on a des femmes ministres et P-DG, tout va bien. C'est ainsi que la journaliste de gauche Léa Salamé peut célébrer les « femmes puissantes[1] » ou que tous les ans on accorde un prix aux « femmes d'influence[2] ». Dans la gauche moderne, on peut à la fois s'insurger contre les violences subies par les femmes et rester indifférent au temps partiel subi, applaudir à la précarisation du travail, aux subventions massives pour les emplois

1. Léa Salamé, *Femmes puissantes*, Les Arènes, 2020.
2. http://www.femmesdinfluence.fr

mal rémunérés que ces femmes occupent très souvent. Les hommes perçoivent près de 23 % de salaire de plus que les femmes, cela suscite une vive émotion. Le fait que les femmes cadres touchent 2,4 fois plus que les ouvrières ne frappe personne dans le monde du féminisme haut de gamme. Le bouchon est poussé tellement loin que, dans le langage des « partenaires sociaux » (les patrons et les syndicats), l'égalité « professionnelle » se résume aux inégalités de genre. La hiérarchie sociale est passée à la trappe du progrès. Le fait que les ouvrières et les employées soient les premières victimes des bas salaires et de la précarité n'intéresse pas grand monde[1].

Le genre est une illustration de l'hypocrisie française parmi bien d'autres. Que signifient, par exemple, les inégalités « territoriales » ? Elles résultent dans leur immense majorité du milieu social des personnes qui vivent dans la zone dont il est question et pas d'autre chose. Ainsi, la réussite scolaire dépend bien plus de la composition sociale du territoire que de facteurs liés à ce territoire lui-même. Il en est de même pour la santé. Comme le soulignait Pierre Bourdieu[2], le concept de jeunesse n'a qu'une portée limitée. Entre l'intérimaire du bâtiment et l'élève d'une grande école dont les parents financent les études, les modes de vie et les préoccupations n'ont rien à voir. La vie quotidienne de centaines de milliers de jeunes sans diplôme est une « galère » sans comparaison avec celle de la majorité

1. Voir Dominique Meurs, « Femmes et précarité », Fondation Jean-Jaurès, 26 février 2019.
2. Entretien avec Anne-Marie Métailié, repris dans Pierre Bourdieu, *Questions de sociologie*, Éditions de Minuit, 1984.

des étudiants[1]. Les pratiques culturelles sont trompeuses pour le monde des adultes qui y voient de l'uniformité alors que, des vêtements aux goûts musicaux, en passant par le langage ou les loisirs, les milieux sociaux se distinguent. Être « sapés comme jamais » à la façon Maître Gims n'est pas vraiment le code vestimentaire des jeunes des lycées chics des centre-ville.

Plus récemment, l'antiracisme, qui avait connu son heure de gloire dans les années 1980 avec la création de SOS-Racisme, semble renaître de ses cendres, là aussi avec un vent en provenance des États-Unis. La « diversité » est à la mode jusque dans les entreprises, mais on continue à détricoter le droit du travail, ce qui pénalise encore plus les étrangers, souvent bien moins qualifiés que la moyenne. Cette « diversité » est utilisée pour faire diversion. Peu importent les écarts de salaires entre le haut et le bas, si seulement on compte le bon nombre de représentants d'origines variées parmi les dirigeants. Tant pis si les immigrés, comme les femmes, sont les premiers touchés par la précarité. Le temps est venu des « chartes », des « pactes » ou de la « responsabilité sociale ». L'appel à la bonne volonté a remplacé la lutte des classes ; la charité sociale est devenue un substitut au partage de la richesse. Bienvenue dans un monde de gens « sympas ».

Les sociologues le signalent depuis longtemps : les inégalités forment un système : « C'est-à-dire qu'elles s'engendrent les unes les autres ; elles constituent un processus cumulatif [...] et elles tendent à se reproduire

1. Cela ne minimise pas la situation sociale particulièrement précaire des étudiants les plus pauvres, notamment étrangers.

dans le cours des générations », relevaient Alain Bihr et Roland Pfefferkorn[1]. La question n'est pas de revenir en arrière, au bon vieux temps, et de défendre le prolétariat ouvrier blanc contre les femmes cadres. Combattre la domination masculine n'empêche pas de se battre contre les inégalités sociales. Il n'empêche que l'hypocrisie des nouveaux défenseurs de l'égalité, qui laissent entiers leurs privilèges hiérarchiques, est immense.

L'essentiel pour les classes favorisées est que l'on ne s'attaque pas au fonctionnement des systèmes qui produisent les inégalités sociales, de l'école à l'entreprise en passant par les services publics. Pour les classes populaires, les nouveaux combats des diplômés semblent bien incomplets : « Leur impression que "personne ne se soucie d'elles" nourrit un ressentiment envers les groupes dont la gauche semble faire grand cas, tels que les féministes, les migrants, les minorités ethniques, religieuses et sexuelles. Rendons-nous à l'évidence : les toilettes transgenres ou le langage "inclusif" ne sont pas perçus comme des sujets susceptibles d'améliorer les conditions de vie d'un grand nombre de citoyens, quelle que soit l'importance symbolique indéniable de ces causes[2] », note justement Eva Illouz.

1. Alain Bihr et Roland Pfefferkorn, *Déchiffrer les inégalités*, *op. cit.*, p. 356. En version moderne et moins compréhensible, on parle « d'intersectionnalité ».

2. Eva Illouz, « Le renouvellement de la social-démocratie passe par la critique du capitalisme », *Le Monde*, 2 avril 2019.

À la recherche de boucs émissaires

Accommoder les inégalités à toutes les sauces dilue la question sociale. Il existe une autre manière de faire diversion, de masquer les privilèges des classes aisées : présenter des coupables aux mécontents, pour qu'ils déversent leur colère sur eux. Ces coupables, il en existe deux sortes : d'en haut et d'en bas. Quand la bourgeoisie de gauche vise le haut, la bourgeoisie conservatrice (et une partie de la gauche) a moins de scrupules : elle cible le bas en désignant à la vindicte populaire une poignée de boucs émissaires encore plus pauvres.

La première façon de trouver un bouc émissaire aux difficultés sociales consiste donc à cibler l'extrême richesse. Cette voie attire les sympathies car la France de tout en haut va très bien (voir chapitre 4). Elle a subi en 2011 et 2012 une nette baisse de son niveau de vie du fait de la hausse des prélèvements, mais elle s'est vite ressaisie et a obtenu de la nouvelle majorité de 2017 le jackpot, avec la quasi-suppression de l'impôt sur la fortune et, surtout, le passage à un impôt forfaitaire sur les revenus financiers. L'Observatoire des inégalités avait montré que cette seule dernière mesure constituait un cadeau à 100 000 euros pour des revenus financiers annuels de 400 000 euros[1]. L'équipe réunie autour de l'économiste Thomas Piketty a bien décrit comment une économie de rente se reconstituait progressivement

1. Noam Leandri et Louis Maurin, « Taxation des revenus financiers : un cadeau de 100 000 euros pour les plus riches », Observatoire des inégalités, version du 24 septembre 2018.

dans les pays occidentaux[1]. Les revenus du capital accumulé nourrissent ce capital qui se reproduit dans le temps. Bref, il y a de bonnes raisons de dénoncer la France des super-riches.

Le slogan « Tous unis à 99 contre les 1 % d'en haut » trouve son origine dans le mouvement *Occupy Wall Street* né aux États-Unis en 2011, qui s'en prend à l'époque au capitalisme financier. La gauche française s'est lancée plus récemment dans une foire aux idées de la taxation des ultra-riches, et les propositions fusent pour s'attaquer au « grand capital ». Le groupe communiste a par exemple déposé sur le bureau de l'Assemblée en mai 2020 une proposition de loi qui taxe les revenus supérieurs à 250 000 euros... À ce niveau, on est au-delà des 0,1 % les plus aisés. À l'autre bout idéologique de la gauche, le leader de la CFDT Laurent Berger place la barre quant à lui à 300 000 euros[2]. Qui dit mieux ?

Il est commode et facile de se mettre d'accord contre une poignée de coupables[3]. Mais, au fait, qui sont les 99 % qui s'opposent aux 1 % ? En fixant la barre des revenus très haut et en ciblant une toute petite frange d'ultra-riches, on occulte l'enrichissement de ce qui constitue l'immense majorité des couches aisées qui vivent à l'étage du dessous. On noie dans la masse des

1. Thomas Piketty, *Les Hauts Revenus en France au XXe siècle*, Grasset, 2001.

2. Laurent Berger, « Si demain la logique est de serrer les boulons, nous irons droit dans le mur », propos reccueillis par Bertrand Bissuel et Raphaëlle Besse Desmoulières, *Le Monde*, 5 mai 2020.

3. Au passage, Martine Storti note que le même slogan est utilisé pour assimiler la lutte féministe et l'anticapitalisme, ne faisant qu'un avec le patriarcat. *Pour un féminisme universel*, *op. cit.*, p. 39.

cadres supérieurs dont les modes de vie, la capacité à se projeter dans l'avenir, les niveaux de diplôme n'ont rien à voir avec le reste de la population. Ils sont confortablement réunis à la table des classes moyennes et populaires.

Une partie de ces classes aisées a bien du mal à accepter de se regarder dans le miroir des revenus. Tentez donc un petit jeu très simple. Trouvez une personne – un cadre supérieur type – qui vit avec 3 500 euros par mois après impôts et prestations sociales, et qualifiez-le de « riche ». Sa réponse fuse : « Pas moi ! » C'est, par exemple, le cas de Lætitia et Jérémie, 5 000 euros de revenus à eux deux qui avouent « avoir parfois honte de leur train de vie[1] »... tellement il est faible. Pour Benoist Apparu, maire de Châlons-en-Champagne, son indemnité de 2 480 euros, « ce n'est pas un vrai salaire ».

La publication par l'Observatoire des inégalités de son rapport sur les riches[2], qui fixe un seuil de richesse à 3 500 euros pour une personne seule, a fait sortir de leurs gonds une partie de nos privilégiés. « Pourquoi doubler le revenu médian et dire "à partir de là, on est riche" ? 3 740 euros par mois, ce n'est pas une somme gigantesque[3] », s'insurge Agnès Verdier-Molinié, directrice de la fondation ultra-conservatrice iFRAP. Ce rapport a fait tout autant s'étrangler une partie de la gauche intellectuelle qui ne supporte pas non plus d'être

1. Liza Fabbian, « Lætitia et Jérémie, 5 000 € par mois, propriétaires souvent à découvert », *L'Obs*, 17 novembre 2016.

2. Anne Brunner et Louis Maurin (dir.), « Rapport sur les riches en France », Observatoire des inégalités, juin 2020.

3. Europe 1, 10 juin 2020.

versée dans le camp supérieur : « On n'est [...] pas riche avec 3 000 balles. Les riches, ce sont les traders, les chirurgiens, les avocats d'affaires, les sportifs, les stars de la télé, les personnes qui émargent à 10 000 euros », vocifère Jacques Littauer dans *Charlie Hebdo*[1]. Pour lui, avec 3 500 euros par mois, pas question d'avoir « une belle voiture, une femme de ménage, ou de prendre de belles vacances ». Soit. Sauf que 92 % de la population vit avec moins que 3 500 euros net. Si elle ne figure pas parmi les riches, comment doit-on qualifier cette population ? Nous allons même faire pire, descendre encore un cran en dessous pour désigner les catégories aisées, qui se situent pour nous à la frontière des 20 % supérieurs (voir chapitre 3).

Pointer du doigt les plus aisés n'est pas l'apanage de la gauche : les libéraux les plus conséquents s'insurgent contre les rentes de situation les plus extrêmes, les privilèges qui ne résultent pas du mérite. Ils n'aiment pas ceux qui s'enrichissent en dormant. Mais à gauche, à côté d'une critique du haut de la distribution – les « 200 familles » pointées du doigt pendant le Front populaire par exemple –, il subsistait toujours une critique d'ensemble de la répartition des revenus et la nécessité d'une autre répartition des fruits de la croissance économique entre les différentes couches de la société, fondée sur un effort équitablement réparti entre tous. Où est-elle passée ? La plupart de ses leaders d'opinion ont intériorisé l'idée qu'il était impopulaire de demander un effort aux Français et pas seulement à quelques riches.

---

1. « Pourquoi l'Observatoire des inégalités voit des riches partout ? », Jacques Littauer, *Charlie Hebdo*, version du 12 juin 2020.

Même pour répondre à des besoins vitaux comme la réforme de la santé, de l'éducation ou de la sécurité, ou comme cela a été le cas lors d'une crise d'une extrême gravité comme celle du coronavirus.

Du Parti socialiste à La France insoumise en passant par Europe Écologie-Les Verts, personne ne revendique autre chose que de « faire payer les riches », parce que la gauche croit que c'est politiquement vendeur. Elle n'a pas réalisé que, contrairement à ce que disent les sondages, un effort fiscal réparti entre tous, s'il est porté par un projet, peut être bien plus populaire que les slogans sur la taxation de la haute bourgeoisie. Elle n'a pas compris que c'est le partage de l'effort, en fonction des « capacités contributives », selon l'article 13 de la Déclaration des droits de l'homme et du citoyen de 1789, qui, ensuite, assure la légitimité de la redistribution de l'impôt ainsi collecté. Si l'on peut donner beaucoup aux plus démunis, c'est que chacun a mis la main à la pâte, pas avec une simple taxe aux super-riches. C'est une simple question de justice.

Contre la France de tout en bas

On peut comprendre que l'appétit de ceux qui en ont tellement plus, le haut du haut du panier, conduise à sortir de ses gonds. Après tout, ils doivent payer plus que les autres. Pointer du doigt une partie du bas de l'échelle sociale est une tout autre affaire. L'objectif est de diviser pour mieux régner : faire porter le chapeau des difficultés sociales à une partie des pauvres pour s'attirer les faveurs de la partie supérieure des classes populaires. En bas, il existe deux groupes à désigner : les « assistés » de notre modèle social et les étrangers. Cette option est plus souvent celle de la droite et de l'extrême droite, mais elle est empruntée par un nombre croissant d'intellectuels de gauche.

Le discours sur l'assistanat vise à fracturer le peuple entre ceux qui travaillent et les autres, qui vivraient à leurs crochets. « À plusieurs reprises, j'ai rencontré, chez mes enquêtés, ce sentiment d'être lésés à la fois par des décisions qui viennent du haut mais aussi par des comportements qui viennent de ceux du bas, d'être lésés à la fois par les plus puissants et par les plus pauvres[1] » : il s'agit d'accentuer ce qu'Olivier Schwartz appelle la « tripartition de la conscience sociale » : le sentiment pour une part des classes populaires et moyennes d'être prises en sandwich entre les classes aisées qui s'enrichissent et des profiteurs d'en bas de l'État social.

En politique, le maître dans l'art de cibler les pauvres est sans conteste Laurent Wauquiez, ex-président du parti Les Républicains, président du conseil régional Auvergne-Rhône-Alpes : « Cette question de la différence entre le travail et l'assistanat est aujourd'hui l'un des vrais cancers de la société française parce que ça n'encourage pas les gens à reprendre un travail, parce que ça décourage ceux qui travaillent[2] », expliquait-il au début des années 2010. Jeune député de la Haute-Loire, il avait bien analysé en 2006 les difficultés concrètes des classes moyennes qui ne disposent pas de bourses mais n'ont pas les moyens de financer les études de leurs

1. Olivier Schwartz, « Vivons-nous encore dans une société de classes ? », La vie des idées, www.laviedesidees.fr, 22 septembre 2009.

2. Europe 1, 8 mai 2011.

enfants[1]. Il avait compris l'existence de cette courbe en U d'une partie des politiques sociales, avec d'un côté des prestations pour les pauvres et de l'autre des baisses d'impôts pour les classes favorisées, le milieu se sentant, à tort ou à raison, lésé. Mais pour séduire les classes moyennes, il s'est très vite radicalisé, désignant la France d'en bas comme responsable de tous ses malheurs plutôt que de souligner la responsabilité des classes aisées.

Emmanuel Macron – alors ministre de l'Économie – fait le même calcul politique en 2015 quand il affirme : « Si j'étais chômeur, je n'attendrais pas tout de l'autre, j'essaierais de me battre d'abord[2]. » Son patron de l'époque, le président de la République François Hollande, n'y trouve alors rien à redire. Devenu à son tour président, il répète la même chose en 2018 quand, dans une vidéo, il explique que l'on met « un pognon de dingue » dans les politiques pour les plus pauvres « qu'on déresponsabilise », ou quand il enjoint à un jeune de traverser la rue pour trouver du travail. Dans cette conception, ce sont bien les assistés qui nous coûtent cher, qui profitent de l'État social du fait de leur inaction. Le succès de La République en marche tient largement au fait que ce discours libéral est partagé par les gagnants du système, de droite mais aussi de gauche, forts du diplôme qui sanctionne leurs efforts : ceux qui ont échoué doivent s'en prendre à eux-mêmes, se secouer, et arrêter de quémander. Ils doivent enfin devenir acteurs de leur propre vie.

1. Laurent Wauquiez, « Les aides aux étudiants, rapport de la mission parlementaire », juillet 2006. Cette question est toujours d'actualité.

2. BFMTV et RMC, 18 février 2015.

Il existe une deuxième cible. Celle qui est historiquement proposée aux couches populaires parce qu'elle vient de l'extérieur : les immigrés. Une cohorte d'experts s'est formée pour mettre en avant « l'insécurité culturelle » dont serait victime la France d'en bas du fait de la présence d'immigrés qui représentent un dixième de la population[1]. Ce n'est pas si nouveau : lors d'un dîner du RPR en juin 1991, le futur président de la République Jacques Chirac tenait des propos en tout point similaires, parlant d'une « overdose » d'étrangers, vivant de l'assistance et dont le peuple ne peut plus supporter « le bruit et l'odeur ». Ce qui change aujourd'hui, c'est que les essayistes d'extrême droite ont table ouverte au sein de médias nationaux qui relaient leurs propos nauséabonds.

L'autre nouveauté – non à l'échelle historique, on a connu la même situation dans les années 1930 –, c'est que, comme pour les assistés, une partie non négligeable de la gauche bascule dans ce camp. Ayant perdu le contact avec le peuple, elle y voit une manière de s'en rapprocher. Il est vrai qu'une partie des élus du Parti communiste du début des années 1980 désignait déjà les immigrés comme responsables des difficultés des travailleurs. À l'époque, le maire de la commune de Vitry-sur-Seine les chassait à coups de bulldozer. Mais l'opération avait alors suscité un tollé à gauche.

Une gauche nationaliste classique héritée de la colonisation du XIXe siècle cherche toujours par ses lumières à « civiliser » le monde. En janvier 1999, le ministre de

1. Phénomène bien décrit par Laurent Mucchielli dans *La France telle qu'elle est. Pour en finir avec la complainte nationaliste*, Fayard, 2020.

l'Intérieur Jean-Pierre Chevènement emploie le terme de « sauvageons » pour décrire les jeunes des quartiers. On comprend clairement à qui est destinée la caractéristique de « sauvages » qui est utilisée aujourd'hui par le ministre de l'Intérieur Gérald Darmanin. En 2015, Manuel Valls, ministre de l'Intérieur de l'époque, ne disait pas autre chose à propos des Roms « qui ont des modes de vie extrêmement différents des nôtres et qui sont évidemment en confrontation ». Des modes de vie qui débouchent naturellement sur la délinquance. C'est aussi le cas d'une composante bien plus libérale, pour qui le problème n'est plus l'insécurité sociale mais culturelle[1], sorte de « grand remplacement » en version soft. L'essentiel est de mettre en avant des populations qui, par leur culture, ne seraient ni aptes ni prêtes à vivre ensemble avec le reste de la population. Comme si le premier des soucis des classes populaires n'était pas le chômage et la précarité mais la religion de son voisin.

Le discours du Front national en version allégée à gauche est devenu politiquement correct. La liste des intellectuels qui profitent de l'intégrisme religieux islamiste pour taper sur les immigrés s'allonge. « Nous voudrions que les barbares auxquels nous apportons la "civilisation" nous embrassent sur la bouche. Mais ils ont des motifs de nous porter d'autres sentiments[2] », s'inquiète l'intellectuel Marcel Gauchet dans la revue d'extrême droite *Causeur* à propos de l'islam. Comme le

1. Voir par exemple Laurent Bouvet, *L'Insécurité culturelle*, Fayard, 2015.

2. Marcel Gauchet, « Pour nos élites, il est inconcevable que l'immigration pose un problème », propos recueillis par Daoud Boughezala et Élisabeth Lévy, 5 septembre 2016.

note Nicolas Truong[1], des rapprochements sont de plus en plus fréquents entre intellectuels d'extrême droite et de gauche, notamment autour de la revue d'extrême droite *Éléments* (« pour la civilisation européenne »). Le national-populisme est en plein essor, et l'avenir se prépare longtemps à l'avance. Il faut désormais choisir le camp des Noirs ou (plutôt) des Blancs. Ceux qui recherchent la nuance sont, au mieux, des naïfs, au pire, de dangereux « islamo-gauchistes », complices du terrorisme.

On glisse doucement d'un racisme franc – qui existe toujours – à une xénophobie fondée sur la distance culturelle : ces gens sont trop loin de nous pour s'intégrer. « Sur le long terme, il y a effectivement plusieurs indices d'une transformation de l'expression et des justifications des préjugés en France[2] », explique la très sérieuse Commission nationale consultative des droits de l'homme dans son rapport publié en 2020. « Ce "nouveau" racisme toucherait en particulier des milieux jeunes, diplômés, même de gauche, qui ne se considèrent pas comme racistes. » Il séduit au-delà des intellectuels qui recherchent la notoriété sur les réseaux sociaux, même s'il ne bouscule pas les valeurs des Français (voir chapitre 9).

Il est vrai qu'une gauche embourgeoisée célèbre la mixité sociale... tant qu'elle s'applique aux autres. Et, pour rien au monde, elle ne mettrait ses enfants à l'école

1. Nicolas Truong, « Il s'érige contre la "dictature" de la "bien-pensance" : l'essor du national-populisme intellectuel et médiatique », *Le Monde*, 6 mars 2020.

2. *La Lutte contre le racisme, l'antisémitisme et la xénophobie. Année 2019*, CNCDH, La Documentation française, juin 2020, p. 71.

avec des immigrés. Au nom du social, elle ne veut pas voir les difficultés posées dans certains territoires par la concentration de populations étrangères pauvres et la remontée de l'intégrisme religieux qui tente de faire la loi. Sauf qu'on mélange des terroristes et l'islam en général, vers lequel sont attirés des jeunes en partie parce que la solidarité des communautés religieuses comble l'absence de l'État, précipitant des formes de radicalisation. Qui n'a pas compris cela ? Le fait qu'une poignée de militants d'extrême gauche soient aveugles à l'intégrisme au nom de l'anticolonialisme ne signifie pas que la France est en danger. L'urgence est de s'attaquer de front à la misère et de rétablir la sécurité dans ces quartiers, dont les étrangers sont les premières victimes.

Taper sur les forts et les faibles n'est pas équivalent. Renvoyer dos à dos deux démagogies en les plaçant sous la bannière du populisme est une manière facile d'oublier l'indécence des hyper-riches pour mieux les choyer et d'agglomérer des forces sociales aux deux extrémités de l'échiquier de droite et de gauche qui n'ont rien à voir entre elles, hormis quelques électrons libres à qui l'on fait grande publicité dans le monde intellectuel. Une bonne partie de ceux qui combattent l'extrême richesse sont simplement choqués par l'indécence des grandes fortunes et ne cherchent pas à se dédouaner de la solidarité. Ceux qui utilisent la haine du faible contre le faible – qu'il soit pauvre ou immigré – sont tout simplement des lâches. Il n'empêche que, au bout du compte, l'effet, voulu ou non, est le même : gommer la puissance d'une bourgeoisie très différente de celle des salons de Neuilly-sur-Seine, mais qui dispose d'un pouvoir de domination conséquent.

2

Les raisons d'un abandon

L'accession au pouvoir d'Emmanuel Macron règle une partie du dilemme idéologique des classes favorisées. Le ralliement d'une partie de la gauche à La République en marche a réduit l'hypocrisie de la bourgeoisie intellectuelle[1] ralliée à la droite : elle se présente désormais telle qu'elle est[2]. Elle n'a plus besoin de faire semblant de s'opposer aux inégalités, elle est passée aux « premiers de cordée ».

Comment en sommes-nous arrivés là ? Que s'est-il passé au sein des classes diplômées, catégories historiquement aux avant-postes de la lutte contre les inégalités sociales et de la critique des rapports de domination entre groupes sociaux, pour qu'elles virent de bord ? Le plus souvent, on se contente de signaler que les représentants politiques de cette gauche se sont embourgeoisés.

1. Il n'est pas question ici de l'électorat traditionnel du Parti socialiste qui a soutenu Emmanuel Macron dans la crainte d'un second tour Fillon-Le Pen en 2017, compte tenu de la faiblesse du candidat socialiste, incapable d'être audible d'un large public.

2. De la même façon, elle permet à la droite plus centriste de refuser l'alignement du parti Les Républicains au Rassemblement national concernant les immigrés.

Mais il ne s'agit pas de quelques lâchages individuels, d'une traîtrise de l'élite. Ce n'est pas seulement « la gauche » au sens de ses responsables politiques qui ont largué les classes populaires. Il s'agit d'un mouvement beaucoup plus profond au sein des classes favorisées, qui repose sur des évolutions idéologiques mais aussi économiques et sociales de la France contemporaine[1].

Embourgeoisement

L'embourgeoisement des organisations qui représentaient le camp de l'égalité sociale est la première explication qui vient à l'esprit. Les associations, les instances dirigeantes des syndicats et les partis politiques sont de plus en plus des regroupements de diplômés. 60 % des cadres adhèrent à une association, contre un tiers des ouvriers et des employés (données Insee 2016). En moyenne, les cadres sont 1,7 fois plus présents dans les associations que les ouvriers, mais 5,5 fois plus dans celles de défense de droits et d'intérêts communs (partis, associations de parents d'élèves, de consommateurs, etc.). Les ouvriers composent 20 % de la population, 16 % des adhérents et seulement 7 % des présidents d'association selon une étude du Centre de recherche sur les associations[2]. Les hommes cadres supérieurs de plus de 65 ans y sont nettement surreprésentés.

1. Ce mouvement est analysé de manière détaillée par l'historien Gérard Noiriel dans l'ouvrage *Une histoire populaire de la France. De la guerre de Cent Ans à nos jours*, Agone, 2018, voir p. 706 et suivantes.

2. Lionel Prouteau, « Le bénévolat en France en 2017 : état des lieux et tendances. Rapport de recherche », octobre 2018.

Le déclin du Parti communiste, parti le plus ouvert aux ouvriers, a accentué un processus plus général d'embourgeoisement de l'ensemble de la gauche. Comme le note Gérard Noirel, « le déclin du mouvement ouvrier a entraîné également une marginalisation complète de porte-parole issus des classes populaires[1] ». Le Parti socialiste est devenu un parti de notables assez âgés, issus de la « méritocratie », très éloigné des catégories populaires. Une étude sur les adhérents a montré son décalage avec la composition sociale de la France : les ouvriers y comptent pour 3 % des adhérents alors qu'ils forment 21 % des emplois (données 2009)[2].

Cette explication laisse elle-même sur sa faim, elle idéalise le bon vieux temps de la politique alors que les instances dirigeantes des partis n'ont jamais été représentatives de la société. En 2017, ouvriers et employés sont quasiment absents de l'Assemblée nationale : ils représentent moins de 5 % des députés. Encore faut-il remarquer que, en 1981, au retour de la gauche après des années d'absence, ces catégories sociales ne constituaient déjà que 6,8 % des élus[3]. Elle débouche sur une question similaire : qu'est-ce qui fait que ces organisations soient aussi peu représentatives des milieux populaires ?

Pour beaucoup, l'orientation à gauche des énarques des années 1970 et 1980, qui composeront les ministères après 1981, était moins liée à leurs convictions

1. *Une histoire populaire de la France*, *op. cit.*, p. 730.

2. Claude Dargent et Henri Rey, « Sociologie des adhérents socialistes. Rapport d'enquête », *Les Cahiers du CEVIPOF*, n° 59, décembre 2014.

3. « L'Assemblée nationale ne compte quasiment plus de représentants des milieux populaires », Observatoire des inégalités, 29 novembre 2018.

sociales qu'à une aspiration à l'accès au pouvoir alors que la droite s'essouffle sous Pompidou et Giscard. La plupart sont issus de milieux ultra-favorisés et des filières scolaires les plus sélectives. Ils appartiennent à un camp politique comme un joueur à un club de foot, non par conviction mais souvent par stratégie professionnelle.

Les dirigeants du Parti socialiste, pilier central des majorités de gouvernement, ont une grande responsabilité dans cette situation. Non qu'ils soient restés inactifs : des 39 heures, puis 35 heures, aux mesures récentes contre le temps partiel contraint ou à la meilleure prise en compte de la pénibilité du travail, en passant par le développement de l'enseignement supérieur technique, leur bilan est loin d'être nul (voir chapitre 9). Leur faillite vient de leur versatilité : ils n'ont jamais respecté leurs engagements électoraux, par crainte de faire fuir la frange supérieure diplômée de leur électorat sans comprendre qu'elle ne pesait pas lourd dans les urnes, rapportée au nombre d'ouvriers et d'employés. Accédant quatre fois au pouvoir sous la Ve République (1981, 1988, 1997 et 2012), ils ont – sauf entre 1988 et 1993 – chaque fois changé d'orientation politique en matière de politique économique. Ils n'ont mené aucune réforme d'ampleur de l'éducation qui aurait permis de réduire les inégalités.

Le virage a vraiment commencé à la fin des années 1980. Le Parti socialiste confond alors la modernisation de sa doctrine, l'adaptation à une économie intégrée à un système mondial, et la voie libérale. « [La] somme des impôts et des charges sociales (ce que l'on appelle les “prélèvements obligatoires”) atteint un tel niveau que l'envie – et le moyen – d'entreprendre disparaît[1] », écrit François Mitterrand dans sa « Lettre à tous les Français » pour présenter son programme de campagne. Il invite à ne plus toucher à l'impôt sur le revenu : « Quant à l'impôt sur le revenu, mieux vaut, me semble-t-il, rester au point où nous en sommes. Ne brassons pas toujours la même eau. » L'image est saisissante : il semble vouloir jeter le bébé avec l'eau du bain. « Depuis que François Mitterrand s'est fait l'apôtre de la décrue des prélèvements obligatoires, toute socialisation excessive des revenus est taboue pour les gouvernements socialistes[2] », analyse Philippe Frémeaux (*alias* Pierre Sohlberg) dès 1990.

À l'époque, le néolibéralisme anglo-saxon domine la scène idéologique. Les ultra-conservateurs Margaret Thatcher et Ronald Reagan sont au pouvoir au Royaume-Uni et aux États-Unis, la gauche vient d'être battue en France aux législatives de 1986. Sans l'afficher, la gauche de gouvernement s'est convertie à la nécessaire réduction des prélèvements obligatoires : « une conception plus raisonnable des choses », selon François Mitterrand. Comme le remarque l'économiste Thomas Piketty, cette conversion s'est faite sans être explicitée, débattue ni acceptée. « La gauche électorale est passée de parti des travailleurs en parti des diplômés [...] sans l'avoir vraiment voulu et sans que personne ait véritablement été en position de le décider[3]. »

1. Cette lettre est envoyée aux électeurs en avril 1988 par le président-candidat François Mitterrand.

2. Pierre Sohlberg, « Le casse-tête des inégalités », *Alternatives économiques*, juillet-août 1990.

3. Thomas Piketty, *Capital et Idéologie*, Éditions du Seuil, 2019, p. 877.

Les changements d'orientation de 1983 (la rigueur) et de 1997 (les baisses d'impôts) pouvaient s'expliquer par la situation économique (la faible croissance en 1983, son excès en 2000). La période 1992-1993 est particulière, marquée par une forte récession. Le basculement de 2013 est unique en son genre. C'est un changement politique comme on n'en avait jamais connu dans l'histoire de la Ve République, qui a décrédibilisé le Parti socialiste auprès de son électorat, si bien qu'il n'en restera presque rien quatre ans plus tard lors de la présidentielle de 2017. En 2012, la gauche est au pouvoir presque partout. Elle détient une grande partie des villes, des départements, des régions, la majorité à l'Assemblée. En cinq ans, elle va tout perdre. François Hollande est repu de pouvoir : il préside un suicide collectif que la majorité au Parlement va accepter sans broncher, sans même comprendre ce qui se joue.

L'arme de ce suicide s'appelle le « pacte de responsabilité[1] » annoncé le 31 décembre 2013 par le Président, moins d'un an et demi après son arrivée. Il consiste à gâcher plus de 40 milliards d'euros par an en baisse de prélèvements pour les entreprises, l'essentiel étant constitué d'une diminution du coût du travail. Ce sera un fiasco complet – les différentes estimations tablent au mieux sur 100 000 emplois pour la partie revenant au crédit d'impôt pour la compétitivité et l'emploi[2] – et le plus grand gâchis d'argent public jamais réalisé en

1. Voir Louis Maurin, « Pacte de responsabilité : une faute historique pour la gauche », Observatoire des inégalités, 1er septembre 2014.

2. Antoine Naboulet, Adam Baïz et Guilhem Tabarly, « Évaluation du crédit d'impôt pour la compétitivité et l'emploi », France Stratégie, septembre 2020.

France. 40 milliards, c'est l'équivalent des trois quarts du budget de l'Éducation nationale qui part en fumée, et l'occasion manquée d'une modernisation sans précédent des services publics et d'une réduction des inégalités[1].

Cette volte-face constitue une stratégie de communication fondée sur la mesure de l'opinion publique et l'utilisation à outrance des sondages. L'objectif est de garder le pouvoir à tout prix. La brillante manœuvre consiste à virer à droite pour « piéger » l'opposition d'alors qui se retrouve obligée de défendre des opinions extrêmes pour se singulariser[2]. Elle est décidée d'en haut, du « château », ainsi qu'on désigne l'Élysée en politique. Dans un système politique devenu hyper-présidentialisé, députés et sénateurs n'influent plus qu'à la marge sur les politiques menées par l'exécutif. L'intérêt général censé conduire les politiques est déterminé par un groupuscule de conseillers du monarque ivres d'enquêtes d'opinion. Méconnus du grand public, les sondeurs hantent les couloirs du château et jouent un rôle majeur pour définir l'agenda et le contenu des politiques publiques. Au bout du compte, cette stratégie se retourne contre celui qui la manie : l'orgie de communication et l'absence de convictions dévaluent celui qui s'en sert jusque dans son propre camp.

Ces sondages sont devenus un outil majeur pour construire les politiques, mais il règne à leur sujet une grande incompréhension. Ils demandent relativement

1. Pour plus de détails, voir « Que faire contre les inégalités ? Testez notre évaluateur des dépenses publiques », Observatoire des inégalités, version du 29 avril 2016.

2. De fait, Les Républicains vont vite s'engouffrer dans le piège et s'aligner sur le Rassemblement national.

peu de moyens à mettre en œuvre et sont par définition indispensables pour mesurer les valeurs. Le commanditaire en a pour son argent, car ce type d'enquête n'offre guère plus que ce qu'elle est : une réponse fugitive à un moment et sur une question donnés[1]. La présence médiatique des sondeurs réside dans le fait que la plupart des journalistes croient à la valeur des chiffres fournis[2], qu'ils commandent eux-mêmes des enquêtes qui n'ont d'autres intérêts que d'être cités par d'autres médias. Cet usage en réalité récréatif n'a pas grande valeur, mais n'est pas d'une grande gravité non plus.

Le problème, c'est leur utilisation par le pouvoir. Au « toujours plus » de sondages répond un « toujours plus » d'impopularité politique. L'opinion tue l'opinion. Si depuis 1978 une seule majorité est arrivée à se maintenir au pouvoir plus de cinq ans (en 2007), c'est en partie du fait des sondages. Pourquoi ? D'abord, grâce à la pauvreté de l'outil : rien n'indique qu'une mesure prise sur la base de réponses éphémères va rencontrer une approbation. Les décideurs publics, entourés de communicants, comprennent mal la faible valeur des questions. Mais le plus difficile à saisir, car cela paraît paradoxal, c'est que le citoyen n'attend pas que les politiques publiques suivent l'opinion qu'il livre au sondeur. On peut être opposé à une mesure en fonction de ses intérêts et le dire au sondeur mais comprendre qu'il faille la prendre si elle a été clairement expliquée et est

1. Voir « Le sondage, un mauvais outil pour comprendre la société », Centre d'observation de la société, version du 15 janvier 2018.

2. On notera l'hypocrisie des sondeurs, souvent critiques eux-mêmes quant à l'utilisation des produits qu'ils vendent et des journalistes qui continuent à les utiliser.

fondée. « L'opinion » accorde plus de valeur à des valeurs affirmées qu'à celui qui tente de la brosser dans le sens du poil en s'y prenant en réalité de travers. Affirmer une position qui va à l'encontre du sondage peut apparaître comme politiquement courageux et être valorisé comme tel. L'arme du sondage se retourne alors contre le démagogue qui s'en sert.

Le macronisme, coming out de la gauche inégalitaire

La conversion du sommet du pouvoir de la gauche repose sur d'autres facteurs et notamment idéologiques plus profonds, qui dépassent largement le Parti socialiste. Bon nombre d'intellectuels ont théorisé depuis longtemps l'avènement d'une société d'individus et la fin des classes sociales. Dès le milieu des années 1990, Jean-Paul Fitoussi et Pierre Rosanvallon expliquent que l'on entre dans un « nouvel âge des inégalités[1] », vécues de manière individuelle, où les classes sociales sont absentes. Toute une littérature documente alors en quelque sorte le mot de Margaret Thatcher – « *There is no such thing as society* » (« La société n'existe pas »), elle s'efface devant une addition d'individus que le marché suffit à organiser. C'est exactement les mots d'un grand sociologue de gauche, Alain Touraine, qui, dans un ouvrage paru en 2010, nous explique que la société n'existe plus[2].

1. Jean-Paul Fitoussi et Pierre Rosanvallon, *Le Nouvel Âge des inégalités*, Éditions du Seuil, 1996.
2. Alain Touraine, *Après la crise*, Éditions du Seuil, 2010.

En parallèle, des transformations économiques et sociales bien concrètes ont nourri l'évolution des discours. L'élévation des niveaux de vie a entraîné une amélioration des conditions d'existence des plus démunis jusqu'au début des années 2000, bien après le premier choc pétrolier de 1974. Sur cette base, certains n'ont pas repéré le déplacement des formes de la distinction sociale. Ils ont confondu transformation et décomposition sociale. Ils n'ont pas su voir ce qu'il y avait derrière le brouillard entraîné par le déclin du monde ouvrier. La « moyennisation » et l'homogénéisation des modes de vie ont brouillé les pistes. Un sociologue comme Henri Mendras, pourtant solide observateur des tendances de la société, comme bien d'autres, a cru à l'avènement d'une vaste classe moyenne[1]. Les sciences sociales ont contribué à une sorte d'« éclipse[2] », pour employer le terme du sociologue Stéphane Beaud.

Ce n'est pas tout. La conversion d'une partie de la gauche est aussi une manière de réduire l'hiatus entre une idéologie et sa pratique. Une « dissonance cognitive » majeure. Le macronisme lui offre pour cela une occasion en or, avec un vernis moderne et un homme qui vient de la gauche. En se ralliant à lui, toute une partie de la gauche fait une sorte de coming out et révèle au fond sa vraie nature. En pratique, les catégories sociales favorisées, de droite mais aussi de gauche, veulent jouir pleinement du confort matériel de la société de consommation, tout en la critiquant. Elles ont

1. Henri Mendras, *La Seconde Révolution française*, Gallimard, 1988.
2. Stéphane Beaud, « La gauche et les classes sociales : de l'éclipse au renouveau », *Mouvements*, n° 50, 2007.

notamment besoin du temps flexible des autres, qu'elles achètent sous des formes très variées : femmes de ménage, gardes d'enfants, hôtellerie, restaurants, transports, commerces, etc. (voir chapitres 8 et 9). Au nom de la « modernité », la bourgeoisie culturelle revendique la précarité et le travail à la tâche (sous couvert de la célébration de la « révolution numérique ») pour les autres, moins qualifiés, pour qui ce serait la seule solution pour *in fine* accéder à la consommation. S'il veut consommer, le jeune Arabe de cité doit accepter de rouler des heures durant au service d'Uber pour que ces bourgeois puissent profiter des bienfaits de la ville à l'importe quelle heure.

L'entrée dans une longue période de faible croissance économique à partir des années 2000, période de « grande stagnation » dont nous ne sommes jamais sortis, a joué aussi un rôle. Tant que la croissance est là, on peut céder une part du gâteau plus importante aux moins favorisés sans en perdre soi-même. Les plus aisés lâchent plus facilement du lest comme cela a été le cas en 1968 et jusqu'aux années 1980. Quand le gâteau ne croît plus, la tension s'accroît autour de sa répartition : ce que l'un gagne, l'autre le perd.

L'effet est exactement similaire avec la mobilité sociale. Les périodes dans lesquelles l'emploi qualifié progresse fortement, comme cela a été le cas dans les années 1960 et 1970, portent mécaniquement vers le haut des catégories moins favorisées. Le pays a alors besoin de cadres supérieurs en quantité. C'est d'ailleurs pour cela qu'on a investi massivement dans l'école. Mais quand les places deviennent plus rares, comme c'est le cas depuis vingt ans, la compétition est plus tendue et accéder au sommet devient plus difficile. À ce jeu, les plus favorisés sont les grands gagnants.

Dans ce contexte nouveau en termes de revenus comme d'emplois, les classes favorisées lâchent beaucoup moins facilement du lest. Chacun, avec plus ou moins de poids dans le débat public, cherche à légitimer son niveau de vie. D'où, par exemple, l'insistance des classes aisées pour mettre en avant leur « ras-le-bol » fiscal. D'où aussi la nécessité de plus en plus forte de légitimer dans l'opinion les gains obtenus – pour ceux qui continuent malgré tout à s'enrichir. À la stagnation des niveaux de vie des classes populaires et moyennes, la réponse est claire : « Faites comme les premiers de cordée. » Du coup, l'incompréhension est totale quand une majorité à la fois réduit l'imposition des classes aisées et élève la fiscalité des carburants qui touche tous ceux qui roulent. La mèche des Gilets jaunes a ainsi été allumée, à partir d'un profond sentiment d'injustice.

Accumulations

Le dernier facteur entrant en ligne de compte, plus structurel encore, tient au rôle du titre scolaire dans la construction des hiérarchies sociales. Une grande partie des diplômés ne se pensent pas « bourgeois » et n'assument pas leur pouvoir de domination tant c'est contre nature. Ils refusent catégoriquement qu'on leur attribue la qualification de « bobos » (pour « bourgeois bohème »). Le concept fourre-tout est critiquable[1], car

1. Jean-Yves Authier *et al.* (dir.), *Les bobos n'existent pas*, PUL, 2018.

les fameux bobos n'ont pas grand-chose de bohème. Il n'empêche que la bourgeoisie culturelle occupe de fait une position de domination dans la hiérarchie sociale, que son diplôme, même s'il n'est pas toujours associé avec les plus hauts revenus, lui procure un statut.

L'école émancipe : l'élévation du niveau d'éducation donne aux enfants des catégories populaires davantage d'armes pour défendre leurs intérêts. En même temps, elle constitue un puissant ciment qui solidifie les inégalités en les légitimant (voir chapitre 6). L'emprise du diplôme – la croyance collective dans sa valeur – rend plus forts ceux qui le détiennent. La caissière n'intéresse pas : parce que c'est une femme, mais aussi parce qu'elle n'a pas réussi à l'école à obtenir un titre assez valorisé. De la même façon que la bourgeoisie économique agite le chiffon rouge de « l'égalitarisme » à chaque tentative de réduction des inégalités de revenus, une partie de la bourgeoisie intellectuelle s'insurge contre le « nivellement par le bas » à chaque essai de démocratisation scolaire. Son *credo* est « l'élitisme républicain » qui n'est rien d'autre qu'un élitisme social accompagné de quelques figures méritantes bien mises en avant, comme nous le verrons.

Au fond, son goût pour la compétition scolaire est le pendant de celui de la bourgeoisie économique pour la concurrence : elle a été contaminée par l'idéologie du marché. Cette gauche « et la "droite marchande" [...] partagent [...] de nombreux éléments communs, à commencer par un certain conservatisme face au régime inégalitaire en place. La "gauche brahmane[1]" croit dans

1. En Inde, le brahmane appartient aux plus hautes castes. Il se distingue par son niveau d'éducation et non son aisance financière.

l'effort et le mérite scolaire ; la "droite marchande" insiste sur l'effort et le mérite dans les affaires[1] », note justement Thomas Piketty. La bourgeoisie de gauche accumule les diplômes comme celle de droite accumule du patrimoine. Dans les deux cas, ce capital se transmet entre générations. « [Les] deux camps, poursuit l'économiste, partagent un attachement fort au système économique actuel et à la mondialisation telle qu'elle est présentement organisée, et qui, au fond, bénéficie assez bien aux élites intellectuelles comme aux élites économiques et financières. » Finalement, c'est bien ce double processus d'accumulation qui fonde l'écart entre les classes aisées et le reste de la population. Le capital scolaire comme le capital économique appellent le capital, et la reproduction est en marche.

1. Thomas Piketty, *Capitalisme et Idéologie*, *op. cit.*, p. 896.

3

France d'en haut, d'en bas... et du milieu

« Hypocrisie », « abandon ». Les mots que nous avons employés pour décrire les comportements de la France aisée sont forts. Mais, au fond, de qui parle-t-on alors ? Pour tenter de comprendre ce qui se joue aujourd'hui en France, il faut peindre un tableau précis de la situation sociale de la France contemporaine. D'abord, commencer par définir les contours des ensembles évoqués. Qui sont ceux que nous qualifions de classes « populaires », « moyennes » ou « aisées » ? Il faut entrer dans le détail.

Cet exercice est devenu un enjeu politique et médiatique déterminant en temps de crise. De la « France d'en bas » du Premier ministre Jean-Pierre Raffarin au début des années 2000 aux « délaissés » de l'économiste Thomas Porcher[1], en passant par les « *Somewhere* » (ceux de « quelque part », s'opposant aux « *Anywhere* », ceux de « partout ») du journaliste David Goodhart[2], pour citer des exemples récents, les tentatives en ce

1. Thomas Porcher, *Les Délaissés*, Fayard, 2020.
2. David Goodhart, *Les Deux Clans*, Les Arènes, 2019.

domaine ne manquent pas. L'enjeu est de déterminer qui profite du système et qui en fait les frais. Les portraits des France d'en haut et d'en bas s'accumulent, mais souvent avec une assez grande confusion sur les contours des catégories utilisées et les facteurs qui les séparent les uns des autres. Essayons d'y voir plus clair.

Une France des enfants gâtés ?

Avant d'aller plus loin, il faut éviter un malentendu. Pour les plus démunis, il fait meilleur vivre en France que dans la plupart des autres pays de la planète. Avec un taux de pauvreté de 6,7 % en 2017 selon les données européennes[1], notre pays est parmi ceux où la pauvreté est la plus faible au monde. Seule la Finlande fait mieux (5,4 %), un pays qui n'a pas connu le même impact de la désindustrialisation et qui n'a pas accueilli autant d'immigrés au fil de son histoire. La France est aussi l'un des pays d'Europe où l'on reste le moins longtemps englué dans la pauvreté[2].

Le modèle social français joue son rôle d'amortisseur. Le ministère des Solidarités estime que les prestations réduisent notamment le nombre de personnes pauvres de 40 %[3]. L'exagération de la pauvreté contribue à alimenter la thèse selon laquelle nous dépensons un « pognon de dingue », comme l'a dit le président de la

1. Les données de l'Insee pour la France indiquent 8 % pour 2017.

2. « En France, la pauvreté est moins durable que dans les autres pays d'Europe », Centre d'observation de la société, version du 16 septembre 2020.

3. *Minima sociaux et prestations sociales. Ménages aux revenus modestes et redistribution, édition 2020,* Drees, « Panoramas de la Drees/social », ministère des Solidarités, septembre 2020.

République. Elle se retourne contre ceux qui, de bonne foi, cherchent à attirer l'attention sur des situations de détresse, nous y reviendrons. Nous utilisons ainsi une définition plus stricte du seuil de pauvreté, correspondant à la moitié du niveau de vie médian (environ 890 euros) et non 60 % (1 060 euros), comme c'est le plus souvent le cas en France, ce qui aboutit à comptabiliser un peu plus de 5 millions de pauvres contre un chiffre officiel de 9 millions[1].

De quoi se plaint-on ? Pourquoi 9 Français sur 10 se disent-ils préoccupés par la pauvreté (données 2019 du baromètre d'opinion du ministère des Solidarités) ? Pourquoi sommes-nous aussi pessimistes alors que tout semble si bien aller ? Le mystère agite les experts. Il est si grand que France Stratégie – un « think tank » public – y a consacré un rapport entier[2]. « C'est un fait : les Français portent sur eux-mêmes un regard excessivement noir, et sont exceptionnellement pessimistes quant à l'avenir », écrit Jean Pisani-Ferry, qui dirigeait l'organisme en 2016, et qui a ensuite intégré l'équipe du candidat Emmanuel Macron. Ce document cherche à « identifier les raisons du décalage entre le regard que la société porte sur elle-même et l'image qu'en donnent statisticiens et chercheurs ». Le rapport de France Stratégie enchaîne les données censées nous prouver que le ressenti de la population est infondé. « La France reste un des pays où la distribution des revenus est la moins inégalitaire. La progression des inégalités de

1. Voir Louis Maurin, « Neuf millions de pauvres, un chiffre exagéré ? », Observatoire des inégalités, version du 12 septembre 2017.

2. France Stratégie, « Lignes de faille. Une société à réunifier », octobre 2016.

revenu disponible au début des années 2000 [...] n'a pas été un mouvement spécifique à notre pays : la même tendance a été observée en Europe ou aux États-Unis. »

Essayons de comprendre d'où vient la méprise. La France est plutôt dans la moyenne européenne en matière d'inégalités de revenus. Le sentiment d'injustice qui nourrit le pessimisme français ne naît pas de la comparaison avec la situation d'autres pays. Nous n'avons qu'une vague idée de ce qui se passe chez nos voisins et nous ne nous rassurons pas en nous disant que l'herbe est moins verte ailleurs. Pour partie, c'est parce que nous sommes plus proches, moins inégaux, que nous sommes plus sensibles aux inégalités. Dans les sociétés d'ordres ou de castes, les inégalités ne sont pas un sujet. « Quand l'inégalité est la loi commune d'une société, les plus fortes inégalités ne frappent point l'œil ; quand tout est à peu près de niveau, les moindres le blessent. C'est pour cela que le désir de l'égalité devient toujours plus insatiable à mesure que l'égalité est plus grande[1] », disait déjà Alexis de Tocqueville au XIXe siècle.

Cette aspiration à l'égalité, portée par la devise de notre pays, est nourrie par les pouvoirs publics à longueur de discours. Or, l'écart entre les paroles et les actes, entre les constats établis et les politiques publiques menées, est immense. Le quotidien d'une très grande partie de la population est marqué soit par la pauvreté, soit par la stagnation des revenus. Le tableau dressé par France Stratégie occulte la face sombre de la

1. Alexis de Tocqueville, *De la démocratie en Amérique*, Flammarion, 1981 (première édition : 1840).

société française. Notre pays est dans la moyenne des inégalités de revenus et la pauvreté augmente. Le titre scolaire constitue une étiquette qui nous colle à la peau depuis notre jeunesse et qui marque l'ensemble de notre vie (voir chapitre 5). Ce qui heurte la population est au moins autant le niveau même des inégalités que l'hypocrisie portée par le camp des gagnants, qui « en même temps » célèbre l'égalité mais favorise les plus favorisés, un sentiment profond d'injustice quand toute une partie du pays échappe à l'effort collectif.

Qui sont les classes populaires ?

Entre les deux pôles bruyants du grand théâtre politique – l'exagération d'un côté, le refus de voir de l'autre –, il n'est pas facile de faire entendre une position nuancée. D'un côté la misère fait vendre, et de l'autre les moyens et les relais de communication de ceux qui cherchent à minimiser les inégalités sont grands. Pour les départager, il faut commencer par définir avec précision ce dont on parle.

Nous avons choisi de considérer trois ensembles : les 30 % aux revenus les plus faibles, que nous qualifions de « classes populaires », les 50 % se situant entre les 30 % du bas et les 20 % du haut, appelés « classes moyennes », et tous ceux qui se situent au-dessus de la limite des 20 % supérieurs, les « classes aisées ». Cette division est discutable, elle a simplement un degré plus fin que ceux qui conçoivent le monde divisé entre les bons et les méchants, les pauvres et les riches, les dominants et les dominés, etc.

Notre définition est centrée sur le revenu. Cette option a le mérite de permettre de tracer des frontières précises et compréhensibles pour savoir qui constitue le haut et le bas de la hiérarchie sociale. De pouvoir mesurer des évolutions aussi. Dans les sociétés marchandes, le revenu constitue la première ligne de fracture. L'argent contribue grandement au bonheur, ne serait-ce que pour se loger.

Mais ce critère a l'inconvénient d'occulter bien d'autres éléments qui devraient être pris en compte pour déterminer plus finement la position des individus et pour déterminer les rapports de pouvoir entre les classes. Notre division en trois groupes admet implicitement qu'il existe un ensemble supérieur qui décide, un ensemble intermédiaire qui dispose d'une forme d'autonomie mais sert de courroie de transmission, et un ensemble inférieur qui exécute, même si la réalité sociale est plus nuancée. Avec la montée du chômage, le statut de l'emploi – le fait d'être fonctionnaire par exemple – joue ainsi un rôle majeur dans la stabilité de la vie. Le patrimoine monétaire (les biens immobiliers, les actions, etc.) et le patrimoine culturel (le diplôme) constituent des éléments de sécurité essentiels pour comprendre ces rapports sociaux dans un contexte de montée des incertitudes. Le revenu masque en particulier le fait que les classes favorisées comprennent une forme de bourgeoisie économique, mais aussi intellectuelle. Pour passer des classes de revenus aux classes sociales, la nomenclature des catégories socioprofessionnelles[1] de l'Insee est un outil utile, mais on

1. L'Insee ainsi regroupe les actifs par grandes catégories de professions qui disposent de critères communs (métier, revenus, diplôme, statut d'emploi, etc.). C'est à cette nomenclature que l'on fait référence quand on parle d'agriculteurs, d'ouvriers, de cadres supérieurs, etc.

dispose de très peu de travaux de recherche sur lesquels s'appuyer pour décrire la structure sociale de la France de 2020[1].

Non-salarié, un monde à part ?

L'univers des non-salariés rassemble plus de 3 millions de personnes (environ un dixième des actifs) qui exercent un ensemble de professions qui n'ont aucun rapport entre elles. Quoi de commun entre un chirurgien et un livreur à vélo ? En moyenne, les médecins touchent 8 800 euros mensuels contre 330 euros pour ceux qui exercent dans la livraison à domicile (données Insee 2017)[2]. Alors que le rapport entre le seuil des 10 % les mieux payés et les 10 % les moins bien payés va de un à trois chez les salariés, il va de un à seize chez ceux qui ne le sont pas. Beaucoup de non-salariés enchaînent des horaires très conséquents et, dans un pays qui sacralise le diplôme, la réussite économique n'est pas toujours appréciée plus que cela. Une partie amasse des sommes colossales : alors que, pour l'ensemble de la population, on entre parmi le 1 % des plus riches à partir d'un peu plus de 6 000 euros, le même seuil se situe à 24 700 euros pour les indépendants selon l'Insee (données 2017). Une autre partie travaille de manière acharnée pour pas grand-chose. Sans même compter

1. Même si l'Insee travaille à moderniser ses catégories sociales. Voir Thomas Amossé, « La nomenclature socioprofessionnelle en 2020 », Courrier des statistiques, Insee, juin 2020. Pour un exemple du passage de catégories socioprofessionnelles en classes supérieures, moyennes et populaires, voir « Des classes moyennes toujours en progression », Centre d'observation de la société, version du 10 décembre 2019.

2. Laurianne Salembier et Guilhem Théron, « Panorama de l'emploi et des revenus des non-salariés », Insee Références, avril 2020.

les autoentrepreneurs, 10 % des non-salariés dits « classiques » touchent moins de 500 euros par mois.

Les répartir en catégories sociales relève de la gageure. Relevons seulement deux choses. Premièrement, les 90 % de salariés savent peu de choses de ceux qui ne le sont pas et ont du mal à comprendre ce que c'est que de disposer d'un revenu qui, pour certains, peut ne plus tomber du jour au lendemain comme cela a été le cas avec le coronavirus. Deuxièmement, quels que soient les métiers exercés (agriculteur, commerçant, médecin, etc.), les écarts sont énormes dans ce groupe et il est frappant de voir comment les plus favorisés d'entre eux utilisent le sort ceux qui le sont moins pour défendre leurs rentes de situation.

En bas de notre échelle, les classes populaires occupent donc selon nous les 30 % aux revenus les plus faibles. Concrètement, cela nous conduit à un niveau de vie maximum de 1 400 euros net par mois pour une personne seule après impôts et prestations sociales, ou encore 2 100 euros pour un couple (données Insee 2018). Le niveau de vie d'un couple est jugé équivalent à celui d'un célibataire s'il est 1,5 fois supérieur. Pour en savoir plus et vous situer dans l'échelle des revenus, voir l'encadré p. 82. Notre définition correspond assez bien, quantitativement, aux emplois d'ouvriers et employés non qualifiés (un peu plus d'un cinquième des emplois), auxquels on aurait ajouté une partie des employés et ouvriers dits « qualifiés » mais aux postes les plus précaires et mal rémunérés. Cariste, femme de ménage, chauffeur-livreur, caissière... Cette France populaire est celle qui, soumise, exerce des métiers d'exécution[1], recevant les ordres transmis par les couches intermédiaires. C'est aussi elle qui est le plus marquée par la précarité des contrats de travail.

Parmi les classes populaires, en bas de l'échelle des revenus, on trouve les personnes dont le niveau de vie est inférieur au seuil de pauvreté. En France, 8,4 % de la population vit sous ce seuil, fixé à environ 900 euros par mois, soit la moitié du niveau de vie médian. Cela représente plus de cinq millions de personnes. Par rapport aux années 1970, en France, les visages de la pauvreté ne sont plus les mêmes : la pauvreté des personnes âgées a nettement diminué alors que celle des jeunes adultes a fortement progressé. Entre 2002 et 2018, le taux de pauvreté des jeunes adultes a progressé de 50 %, passant de 8,2 % à 12,5 %. Mais on notera au passage que le pourcentage global de personnes pauvres est assez proche de celui cité en 1974 par René Lenoir dans un ouvrage qui avait alors marqué les esprits, *Les Exclus*[2], un peu moins d'un dixième de la population.

Une misère plus profonde persiste[3]. Plus de 2 millions de personnes vivent avec moins de 700 euros par mois. Selon l'Insee, 140 000 personnes sont sans domicile (à la rue ou en hébergement d'urgence) et plus de 800 000 sont privées de domicile personnel (une partie sont hébergés par de la famille ou des amis)[4] selon la Fondation Abbé-Pierre. L'Observatoire

1. Ce qui ne veut pas dire qu'elle soit totalement soumise, sans marge de liberté ni de décision.

2. René Lenoir, *Les Exclus : un Français sur dix,* Éditions du Seuil, 1974.

3. Anne Brunner et Louis Maurin, « Rapport sur la pauvreté en France », Observatoire des inégalités, décembre 2020.

4. « 25e rapport sur l'état du mal-logement en France 2020 », Fondation Abbé-Pierre, janvier 2020.

des inégalités estime qu'environ 1 million de personnes pauvres disparaissent des radars statistiques : elles ne sont pas enregistrées par l'Insee, soit parce qu'elles sont étudiantes, soit parce qu'elles vivent en collectivité (prisons, hôpitaux, et surtout maisons de retraite).

	Niveau de vie pour une personne seule	Nombre (millions)	%
Classes populaires	Moins de 1 400 €	19	30%
Dont pauvres	Moins de 885 €	5,2	8,2%
Classes moyennes	1 400 à 2 600 €	31,7	50%
Classes aisées	Plus de 2 600 €	12,7	20%
Dont riches	Plus de 3 540 €	5,2	8,3%

Source : calculs de l'auteur d'après Insee, données 2018

• Attention : les pauvres sont inclus dans les classes populaires et les riches dans les classes aisées

L'entre-deux des classes moyennes

Entre les classes favorisées et la France populaire se trouvent les fameuses « classes moyennes ». Une expression fourre-tout qui fait couler beaucoup d'encre depuis les années 1980[1], chacun y mettant des populations très variées. En termes de revenus, nous situons ces classes entre les 30 % du bas et les 20 % du haut. Un ensemble qui représenterait donc 50 % de la population, soit environ 30 millions de personnes. Nos limites correspondent à un niveau de vie situé entre 1 400 et

1. Voir Henri Mendras, *La Seconde Révolution française*, *op. cit.*

2 600 euros net mensuels pour l'équivalent d'une personne seule, entre 2 100 et 3 900 euros pour un couple sans enfants.

Si ces classes moyennes sont loin de connaître les difficultés des plus pauvres, il n'en demeure pas moins que leur niveau de vie se situe à des années-lumière de celui des plus aisés. Sociologiquement, le cœur de cet ensemble est composé de ce que l'Insee appelle – en termes de catégories sociales – les « professions intermédiaires ». Des métiers qui se situent dans le monde du travail entre ceux qui donnent les ordres et ceux qui les exécutent. C'est l'univers des techniciens, de nombreux métiers du social et de la santé – comme les infirmières – et des contremaîtres de l'industrie et du bâtiment.

Contrairement à une lecture simpliste, ces classes du milieu ne sont pas des dominés qui s'ignorent, simples serviteurs intermédiaires des classes dominantes. Elles constituent bien une sorte de pignon de transmission, mais disposent d'autonomie et peuvent jouer un rôle essentiel dans l'organisation du travail, en occupant parfois des fonctions d'encadrement sans en avoir la reconnaissance ni la rémunération. On devrait y ajouter la partie la plus favorisée des employés et des ouvriers. Une partie aussi des non-salariés et des cadres.

La France qui vit bien

La France qui vit bien – que nous appellerons les classes « aisées » – s'étend au-delà de ces frontières. Nous considérons qu'elles commencent à partir des 20 % supérieurs des revenus, c'est-à-dire de 2 600 euros net par mois pour une personne seule[1]. Il s'agit bien d'un plancher et non d'une moyenne. Le niveau de vie de ceux qui se situent juste au-dessus de ce seuil n'a bien sûr rien à voir avec ceux qui touchent 20 000 ou 200 000 euros chaque mois. Pourtant, ils figurent bien dans le cinquième de la population le plus favorisé, leur qualité de vie n'a rien à voir avec celle de la majorité des Français. Ce sera par exemple le cas d'un couple dont le niveau de vie est de 4 000 euros net mensuels pour deux – un couple de cadres supérieurs dans la trentaine. Ils peuvent par exemple consacrer plus de 1 300 euros par mois à leur logement, de quoi vivre confortablement à deux, sauf dans la partie la plus chère de Paris.

Notre définition correspond, en volume, à celle de ce que l'Insee appelle les « cadres et professions intellectuelles supérieures », ensemble de professions privilégiées sur le plan des niveaux de vie et du diplôme, qui disposent d'autonomie et de responsabilité dans leur travail. Ces derniers représentent environ 18 % des emplois. Pour être plus précis, il faudrait en extraire les cadres qui n'en ont que le nom[2] et disposent de bas niveaux de vie et y ajouter la partie des non-salariés[3] favorisée, artisans, commerçants ou chefs d'entreprise.

---

1. Ce montant est aussi celui qui est utilisé par le Crédoc qui considère que la notion de classe aisée commence à partir de 1,5 fois le niveau de vie médian, qui s'élève aussi à 2 600 euros. Voir par exemple « Les conditions d'accès aux services financiers des ménages vivant sous le seuil de pauvreté. Banques, assurances et services numériques », étude réalisée par le Crédoc pour le Comité consultatif du secteur financier, octobre 2020.

2. Voir Antoine Naboulet et Julie Rouault, « Quelle évolution des cadres depuis vingt ans ? », France Stratégie, Document de travail n° 2020-06, juillet 2020.

3. L'Insee intègre les professions libérales dans les cadres supérieurs.

Le haut de la pyramide sociale comprend des classes bien plus favorisées. D'abord, tous ceux qui se situent au-delà du seuil de la richesse selon l'Observatoire des inégalités, 2 fois le niveau de vie médian, soit 3 500 euros par mois pour une personne seule, après impôts et prestations sociales[1]. 5 millions de personnes, soit 8 % de la population, disposent au moins de ce niveau de vie.

À quel niveau est-on riche ?

Longtemps, le seuil de pauvreté a été défini de façon arbitraire comme la moitié du revenu médian. Pourquoi ne pas fixer le seuil de richesse au double ? Nous avions proposé cette idée il y a plus de vingt ans dans les colonnes du magazine *Alternatives économiques*[2] et nous l'avons repris lors de la publication du premier « Rapport sur les riches en France[3] ». Elle n'est ni plus ni moins fondée que celle de la définition du seuil de pauvreté qui est peu débattue. En 2018, le niveau de vie médian était de 1 771 euros par mois pour l'équivalent d'une personne seule. Le seuil de richesse correspondant serait donc de 3 542 euros mensuels pour une personne seule, de 5 310 euros pour un couple sans enfants et de 7 430 euros pour un couple avec deux enfants de moins de 14 ans. À ce niveau, on appartient aux 8 % les plus riches.

1. Cela ne prend pas en compte le coût du logement, nous y reviendrons.

2. Voir Louis Maurin, « Qui est riche en France ? », *Alternatives économiques*, n° 153, novembre 1997.

3. Voir Anne Brunner et Louis Maurin (dir.), « Rapport sur les riches en France », Observatoire des inégalités, juin 2020.

Quand on grimpe encore plus haut, on entre dans une autre dimension. La France est un pays où les plus riches sont très riches. Un Bernard Arnault (LVMH) a tellement amassé d'argent (88 milliards) en 2019 qu'il pourrait s'offrir l'ensemble des logements de la ville de Toulouse, comme l'a relevé l'Observatoire des inégalités[1]. Alain et Gérard Wertheimer (Chanel) pourraient quant à eux acquérir Montpellier, et Françoise Bettencourt Meyers (L'Oréal) Lille. Ces fortunes sont dénuées de sens. Leur argent ne sert plus à vivre mais à se présenter comme des bienfaiteurs, des mécènes, des explorateurs de l'espace, etc. Des milliards d'euros sont ainsi gaspillés au détriment de projets collectifs. Ces « radicalisés de la richesse » ont tellement accumulé qu'ils ne savent que faire de leur argent. Certains touchent en un an ce qu'un smicard recevrait en plusieurs siècles.

Les riches français le sont plus que leurs voisins, même après avoir payé leurs impôts, qu'ils disent conséquents. Les 1 % des Français les plus aisés disposent d'un niveau de vie mensuel d'au moins 6 800 euros pour une personne seule (moyenne sur la période 2015-2017, selon les données Eurostat). L'Hexagone arrive en deuxième position, juste après la Suisse, pays à part tant il concentre la richesse financière. Chez nos voisins britanniques ou allemands, les riches sont moins riches : il « suffit » de 6 000 euros par mois pour appartenir au club des 1 % du haut de l'échelle outre-Manche et 6 500 euros outre-Rhin. On notera que, en Suède, en

1. Anne Brunner et Louis Maurin (dir.), « Rapport sur les riches en France », Observatoire des inégalités, juin 2019.

Belgique et en Italie, le niveau de vie de ces 1 % est nettement un cran en dessous, autour de 5 000 euros.

Ces données invalident la thèse d'une fuite des riches en France sous l'effet de la pression fiscale pourtant largement médiatisée. Notre pays est l'un de ceux où les plus aisés gagnent beaucoup d'argent. Et encore, ces chiffres sont mesurés après impôts et prestations sociales : la redistribution a déjà opéré. Comme cette redistribution est plus élevée en France qu'ailleurs, cela signifie qu'avant impôts la répartition des revenus en haut de l'échelle est très inégalitaire par rapport aux autres pays.

La définition que nous utilisons des classes populaires, moyennes et aisées est en décalage avec les représentations de la France vue d'en haut. Les catégories aisées se considèrent moyennes et voient la France comme étant constituée d'une poignée de riches très au-dessus d'eux, d'un peuple qui commence bien plus bas et enfin d'une population pauvre. Une étude de l'Insee sur les revenus de 2011 avait montré que 70 % des personnes se situant dans le tiers supérieur des revenus (plus de 2 000 euros pour une personne à l'époque) estimaient appartenir au tiers intermédiaire. Seuls 8 % des plus aisés reconnaissent appartenir à ce tiers supérieur[1]. Difficile dans notre pays de s'avouer que l'on dispose d'une mode de vie au-dessus du lot. Ce décalage est une manière d'occulter le rôle au sein des rapports sociaux en s'incluant dans un vaste ensemble moyen regroupant les trois quarts de la population. Du contremaître au professeur d'université,

1. « Le positionnement sur l'échelle des niveaux de vie », Insee, « Insee Première », n° 1515, septembre 2014.

de l'infirmière au médecin généraliste, unis dans la grande farandole du « tous ensemble ».

De leur côté, les classes populaires ne peuvent être assimilées aux plus pauvres qui n'en constituent qu'une partie. Elles comprennent aussi tout un ensemble de ménages modestes, qui vivent mieux que les plus démunis mais demeurent très peu visibles, mal représentés dans les médias. Ils n'accèdent guère aux normes de consommation de la majorité. Cet écart débouche sur une forme d'incompréhension qui va bien au-delà des seuls revenus[1].

Vue d'en haut, toute la société est descendue d'un cran : on appelle « riches » une poignée d'hyper-riches, « moyennes » des couches aisées, « populaires » des catégories moyennes et « pauvres » des catégories populaires. Le monde tel qu'il est mis en scène dans l'espace public, déformé autour d'un vaste ensemble moyen et des extrêmes, ne correspond pas à ce que vit la plupart de la population.

Situez votre revenu

Vous aussi, vous avez du mal à vous situer ? Nous vous proposons de le faire avec le graphique ci-dessous. Pour cela, il faut commencer par mesurer votre revenu après impôt et prestations sociales. Ensuite, reportez-le à l'aide de la ligne horizontale sur la courbe.

1. C'est pour cette raison que l'auteur a fondé avec l'aide du bureau d'études Compas en 2010 le Centre d'observation de la société (www.observationsociete.fr).

En descendant verticalement, vous obtiendrez le niveau auquel vous vous situez, le pourcentage qui gagne plus d'un côté et moins de l'autre.

Si vous êtes une famille, il faut faire la somme de vos revenus (salaires, revenus financiers, etc.), toujours après impôts et prestations sociales. Ensuite, additionnez le nombre de parts en comptant 1 pour vous + 0,5 pour toutes les personnes de plus de 14 ans et 0,3 pour les plus jeunes. Divisez le revenu global par le nombre de parts obtenues et reportez votre niveau de vie ainsi calculé sur le tableau.

Bien sûr, c'est une approximation, qui ne tient notamment pas compte de votre âge, des frais que vous pouvez avoir par ailleurs (notamment vos loyers), mais cela donne une idée.

Situez votre niveau de vie

Votre niveau de vie mensuel pour une personne, après impôts et prestations sociales

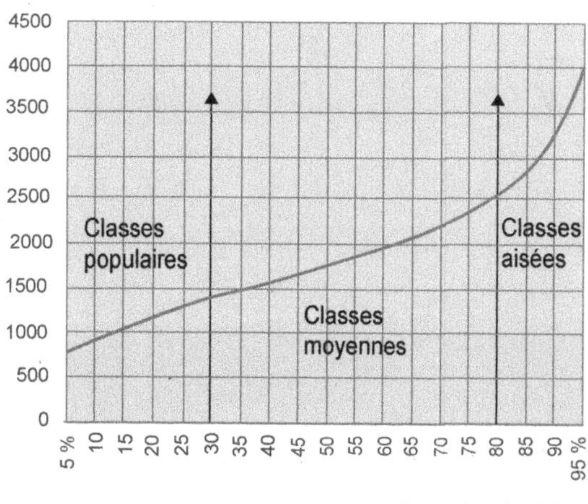

(Insee, données 2018)

4

La belle vie d'en haut

Habitat confortable, bien situé et bien équipé, vacances, loisirs, services à domicile : les inégalités de revenus permettent aux catégories aisées de jouir des bienfaits de la société de consommation. Tout cela, dans une relative discrétion, contrairement au caractère ostentatoire des plus grandes richesses. Il est bien plus simple, pour le chercheur ou le journaliste, de se pencher sur la situation des pauvres que sur le monde aisé. Les sociologues Michel Pinçon et Monique Pinçon-Charlot en ont d'ailleurs témoigné, racontant notamment comment la grande bourgeoisie les a, avec tact, remis au niveau de leur condition sociale, inférieure[1]. S'approcher des plus favorisés demande de posséder des clés d'accès (des contacts, des recommandations) et de maîtriser des codes (vêtements, vocabulaire, etc.) plus complexes que ceux qui permettent de travailler sur le terrain des pauvres. Le rapport entre l'enquêteur et l'enquêté n'est plus le même. Et les plus aisés ont

1. Michel Pinçon et Monique Pinçon-Charlot, *Voyage en grande bourgeoisie*, PUF, 2005.

plus à perdre qu'à y gagner à décrire leur mode de vie.

Les enquêtes sur les « riches » ne nous parlent que d'une partie étroite de la frange privilégiée. Une haute bourgeoisie ou des stars du sport, du cinéma ou de la musique dont le train de vie est hors du commun. Un quotidien fait d'hôtels particuliers, de yachts, ou encore de jets privés. Cette population qui vit dans l'opulence ne représente pas grand monde. Ce sont les modes de vie et le confort d'une France aisée beaucoup plus large qu'il faut tenter de décrire.

Mépris de classe

Logement, consommation, loisirs, culture, santé : les clivages de la France contemporaine se logent de manière fine dans tout un ensemble de pratiques, de modes de vie et de consommation. De nombreux experts ont confondu la transformation sociale engendrée par une longue période d'élévation du niveau de vie des classes moyennes et populaires et la disparition des classes sociales. Ils n'ont pas vu ou voulu voir le renouvellement des modes de distinction sociale. C'est encore plus vrai dans le domaine immatériel des services. « Les classes populaires et moyennes peuvent bien craquer pour un biscuit trop sucré, un iPhone ou un sac soldé sur Internet, les frais d'éducation ou de logement – pour résider dans une zone au marché de l'emploi dynamique – sont des biens totalement hors de leur portée. Sauf que c'est précisément dans cette arène que la compétition sociale se maintient, voire s'amplifie[1] », résume le journaliste Jean-Laurent Cassely, fin observateur des pratiques contemporaines.

De cette distinction découle un jugement de classe. Comme l'indiquait à la fin des années 1970 le sociologue Pierre Bourdieu, « l'aversion pour les styles de vie différents est sans doute une des plus fortes barrières entre les classes[2] ». Cette aversion s'exprime parfois publiquement, comme quand Benjamin Griveaux, l'ancien porte-parole du gouvernement, qualifiait Laurent Wauquiez de candidat de « la France qui fume des clopes et roule au diesel ». Tout en consommant bien plus que les classes populaires, une partie de la bourgeoisie intellectuelle prône la décroissance, la frugalité et la simplicité volontaire. Pour elle, le summum de l'horreur moderne est représenté par le pavillon de banlieue : la France « moche » dont parle le magazine *Télérama*[3] pour évoquer le quotidien de la France périurbaine du barbecue du dimanche déjà bien décrit par Henri Mendras[4], avec beaucoup plus d'empathie.

Si la nécessité de transformer nos modes de consommation est de plus en plus évidente pour tous, adopter un mode de vie écologiquement correct constitue aussi une façon de se distinguer. Subtilement, l'environnement devient une manière de souligner en creux les

1. Jean-Laurent Cassely, « Cultivée plutôt que riche, la "classe ambitieuse" change le rapport à la consommation », www.slate.fr, version du 16 mars 2018.

2. Pierre Bourdieu, *La Distinction, op. cit.*

3. « Quand la France est devenue moche », *Télérama*, n° 3135, 10 février 2010.

4. Henri Mendras, *La Seconde Révolution française*, *op. cit.*, p. 57. Il voit dans le barbecue un « rite » sans hiérarchie ni répartition des rôles, en tout point opposé au repas bourgeois.

pratiques déviantes des classes inférieures. Qui non seulement roulent au diesel mais ont deux voitures, osent encore fréquenter les hypermarchés et continuent à manger de la nourriture « conventionnelle ». Plutôt que de s'approvisionner en produits issus de l'agriculture biologique, dont les prix sont 75 % supérieurs en moyenne, selon une enquête du magazine Linéaires[1]. On mange d'ailleurs moins bio pour préserver les générations futures que sa propre santé. La distinction sociale se loge dans l'attention au corps lui-même et modèle les formes. En classe de troisième, le taux d'obésité est de 2,7 % chez les enfants de cadres supérieurs, trois fois moins que chez les enfants d'ouvriers. L'obésité est une maladie qu'il faut combattre, mais l'injonction à la maigreur est aussi une manière qu'ont les classes favorisées de produire des normes qui débouchent sur des formes de discrimination et de stigmatisation.

La coupure sociale et le mépris des couches aisées pour les classes populaires se sont assez bien illustrés lors de l'épisode des Gilets jaunes. Les couches favorisées n'ont rien vu venir d'une révolte partie de la taxation du litre de carburant qui les a sidérés. Les « fins du monde » se sont opposés aux « fins de mois », coupure simpliste mais bien réelle pour beaucoup. Voici par exemple comment la militante d'extrême droite Julie Graziani, devenue chroniqueuse sur LCI, analyse la situation sociale difficile d'une jeune mère de famille : « Je comprends très bien qu'elle ne s'en sorte pas mais, à un moment donné, je ne connais pas son parcours de

1. Amaury Beautru, « Le bio, en réalité 75 % plus cher », Linéaires, 5 mai 2020.

vie, à cette dame, qu'est-ce qu'elle a fait pour se retrouver au smic ? Est-ce qu'elle a bien travaillé à l'école, est-ce qu'elle a suivi des études ? Si on est au smic, il ne faut peut-être pas divorcer, dans ces cas-là, quand on se rajoute des difficultés sur des difficultés et des boulets sur des boulets, on se retrouve dans des problèmes[1]. » Ses propos reflètent au fond un discours sur le mérite et la réussite individuelle porté par une partie des élites.

Même chose avec le simple récit de la vie d'Arnaud et Jessica, couple de jeunes mobilisés parents de quatre enfants, par la journaliste Faustine Vincent dans quotidien *Le Monde*, qui a suscité une vague de mépris et de hargne de la part des lecteurs : « Qu'attendent-ils du président de la République ? Qu'il se rende chaque jour à Sens pour veiller à ce que Jessica prenne bien sa pilule afin qu'elle n'ait pas un cinquième, puis un sixième enfant[2] ?! », poste en commentaire un lecteur installé dans le cocon de son anonymat électronique[3]. Reste à savoir quel est le niveau supportable pour ceux qui sont ainsi méprisés, jusqu'où ils accepteront d'être ainsi traités et exclus du progrès.

1. Émission « 24 h Pujadas », LCI, 4 novembre 2019.

2. Faustine Vincent, « Gilets jaunes : Arnaud et Jessica, la vie à l'euro près », *Le Monde*, 15 décembre 2018.

3. Vague si grande que le quotidien a consacré un article à essayer de la comprendre. Faustine Vincent, « Pourquoi le quotidien d'un couple de "gilets jaunes" dérange une partie de nos lecteurs », 20 décembre 2018.

L'argent, un enfer ?

Notre ensemble supérieur, qui regroupe environ 20 % des plus aisés, est hétéroclite. On y trouve des millionnaires et des jeunes cadres supérieurs, classes favorisées parce que leur niveau de vie est élevé, et d'autres qui se situent en haut de la hiérarchie des diplômes, notre bourgeoisie intellectuelle. Les diplômés – tout en consommant bien plus que la moyenne de la population – affichent un mépris pour les signes trop ostentatoires de la distinction, signes qui gênent bien moins la bourgeoisie économique.

Faute de données et d'enquêtes, nous allons devoir forcer le trait, mais on peut tout de même tenter de tracer quelques lignes de fracture, qu'il s'agisse du logement, de la consommation ou des loisirs, par exemple. Elles ne sont ni infranchissables – on peut être ouvrier et économiser pour s'offrir une belle montre – ni inamovibles, mais elles permettent de mieux comprendre ce qui sépare nos classes aisées des catégories populaires et moyennes.

Avant de nous lancer, notons que les catégories aisées déploient des trésors d'imagination pour faire passer aux pauvres l'envie de devenir riches en essayant de leur faire croire que les riches vivent un « enfer », comme l'ont écrit Béatrice Peyrani et Corinne Tissier dans un livre qui n'était pas destiné à être lu au second degré[1] : « De fait, les contrariétés ne manquent pas. Un jour c'est la Jaguar qui est vandalisée ou la villa sur la

1. Béatrice Peyrani et Corinne Tissier, *L'Enfer des riches*, Albin Michel, 2004.

Côte cambriolée. Le lendemain, mini-krach à la Bourse. Plus de liquidités ! Le stress », écrivent-elles sans plaisanter. « Bien sûr, tout cela peut ressembler à un enfer doré. Mais un enfer tout de même pour celui qui le vit [*sic*]. » La vie des riches est difficile. Ils n'ont pas de vie de famille et travaillent tellement qu'il vaut mieux ne pas les envier. Des livres qu'il vaut mieux ne pas faire lire aux Gilets jaunes.

On pourrait en rire si ce type de discours n'était pas répandu autrement que sous cette forme caricaturale : la presse regorge d'exemples dépeignant les déboires des catégories qui se situent au niveau supérieur au nôtre. L'une des manières les plus courantes pour cela est de mettre en avant un nombre d'heures incommensurable de travail des cadres supérieurs en s'apitoyant sur leur sort, alors que ces heures ont une pénibilité qui n'a rien à voir avec celle de l'ouvrier ou de l'employé peu qualifié et qu'ils savent aussi « s'arranger » avec leurs horaires.

Accumuler de l'argent et du pouvoir fonctionne comme une drogue. La façon dont certains cadres supérieurs se battent pour diriger et gagner plus, dans le secteur privé comme dans le public, a de quoi étonner. Pour autant, il faut bien comprendre la fonction du discours sur les difficultés des vainqueurs, décliné à l'envi. D'une part, il s'agit de souligner l'ampleur des efforts et des sacrifices qu'il faut réaliser pour atteindre leur niveau. Sous-entendu : ce n'est pas donné à tout le monde. Alors que la réussite sociale est pour une grande part liée à la transmission d'un patrimoine économique ou culturel, ou à un réseau de relations bien placées. D'autre part, il s'agit d'éviter de faire des envieux, de rassurer sur leur sort ceux qui vivent beaucoup moins bien. De leur signaler qu'ils sont bien installés confortablement à la place où ils sont. Qu'ils y restent.

Le logement, au cœur de la belle vie

Qu'est-ce que bien vivre, finalement ? Sans doute d'abord habiter un « bon » logement, le cœur des conditions matérielles de vie. La surface moyenne par personne en France est de 40 m^2. Chez les ménages « aisés », selon l'Insee[1], elle est de 54 m^2 (données Insee 2013) pour un célibataire. Adoptons un coefficient de 0,5 pour chaque nouvelle personne à ces 54 m^2 (nous n'avons pas besoin de deux cuisines, deux toilettes, etc.), cela correspondrait à environ 80 m^2 (54 multiplié par 1,5) pour un couple et 135 m^2 pour une famille avec deux enfants. Bien sûr, il faudrait pouvoir corriger cette surface selon le lieu d'habitation et en particulier à Paris. Disposer de 135 m^2 *intra-muros* n'est plus possible que pour les ultra-riches dans le parc privé. Pour vivre dans certains quartiers, une partie des classes aisées acceptent soit de sacrifier une part importante de leurs revenus, soit de se loger à l'étroit, sans comparaison avec les modes de vie des provinciaux favorisés.

L'impact du coût du logement entraîne des débats complexes. Le problème se pose essentiellement dans certains quartiers de quelques grandes villes, mais il est

1. Soit 1,8 fois le niveau de vie médian, environ 3 200 euros par mois pour une personne après impôts et prestations sociales.

vrai qu'il grève les budgets. La difficulté est de faire la part entre le choix et la contrainte : il suffit souvent aux classes favorisées de faire dix minutes de transport en commun pour réduire sérieusement leurs frais. Le prix qu'acceptent de payer les Parisiens pour vivre au cœur de Paris est difficile à comprendre une fois que l'on a dépassé le périphérique. Mais pour nos privilégiés, ces dix minutes imposeraient de côtoyer davantage les catégories populaires, et par exemple – sauf à tricher – de mettre leurs enfants dans des écoles qu'ils jugent de mauvaise réputation.

Une autre forme de clivage s'ajoute en matière de logement : la propriété. Avoir un chez-soi à soi, c'est deux choses à la fois. D'un, une assurance sur le mode de vie : le propriétaire de son logement n'est pas à la merci d'un bailleur qui veut reprendre le lieu. Il l'investit autrement. De deux, un placement : un remboursement d'emprunt n'est pas une dépense de consommation mais un investissement dans le temps. Soit le propriétaire revend son bien et réalise une plus-value éventuelle, soit il continue à vivre dans les lieux et dans ce cas il obtient un gain de niveau de vie quand ses remboursements[1] sont achevés : il ne paie plus de loyer. Cette fracture immobilière ne sépare pas les 99 % les plus pauvres et les 1 % d'en haut, comme en témoigne une étude du ministère des Solidarités[2]. En 1973, 43 % du quart de la population la plus aisée étaient

1. Ces remboursements ne sont d'ailleurs pas considérés par l'Insee comme de la consommation mais de l'investissement.

2. « Accès à la propriété : les inégalités s'accroissent depuis quarante ans », *Études et Résultats*, n° 961, Drees, ministère des Solidarités, mai 2016.

propriétaires. Quarante ans plus tard, ils sont 66 %. Mais pour le quart le plus modeste, la proportion a été divisée par 2, de 34 % à 16 %. L'écart s'est donc accru entre les plus riches et les plus pauvres. Au-delà du capital constitué, être propriétaire de son logement constitue ainsi un élément qui réduit l'incertitude de la vie sur le long terme.

Côté locataires, le pouvoir d'achat des plus modestes a été siphonné par les bailleurs. Entre 2001 et 2013, la part que les 10 % les plus pauvres consacraient au logement est passée de 31 % à 42 %, en grande partie du fait de la hausse des quittances de fin de mois. Pour le dixième le plus riche, elle a aussi augmenté, mais de 9,8 % à 10,8 %. Entre 1984 et 2018, les loyers perçus ont été multipliés par 2,2 après prise en compte de l'inflation.

Une partie de la population française s'est enrichie en devenant propriétaire, voire en achetant pour louer ensuite. Nous sommes au cœur du processus d'accumulation du patrimoine et des inégalités de la France aisée, bien davantage que dans les faramineux investissements dans les paradis fiscaux qui ne concernent qu'une poignée d'hyper-riches[1]. La hausse des loyers a produit un transfert de richesse sans précédent des ménages locataires vers les bailleurs privés, plus fortunés et souvent plus âgés. Ces bailleurs sont en position de force dans un marché où la demande est élevée et où les prix ont longtemps été très peu encadrés, ce qui joue surtout pour les petites surfaces. Autant le mal-logement est

1. Il est vrai que les montants en jeu, par contre, sont d'un autre niveau.

médiatisé, autant on occulte le fait que le mal-logement des uns fait l'enrichissement des autres. La hausse des loyers pénalise en majorité des jeunes adultes célibataires vivant dans les grandes villes (notamment Paris).

Jouir de la consommation

Dans une société marchande, la France privilégiée est celle qui a accès à un très large éventail de biens. « Tout le monde a une Rolex. Si à 50 ans on n'a pas une Rolex, on a quand même raté sa vie », indiquait il y a plus de dix ans le publicitaire Jacques Séguéla, suscitant une vague de réprobation. Cela n'empêche pas de s'interroger sur le sens de la « réussite matérielle ». Pour figurer parmi les privilégiés, faut-il vraiment posséder une Rolex dont le modèle le moins cher coûte environ 3 500 euros ? Il s'agit là d'une conception bien élitiste. Comme on l'a dit, une partie de la bourgeoisie intellectuelle méprise d'ailleurs la consommation ostentatoire qu'elle considère « bling-bling » et revendique la « simplicité ». Elle cherche par tous les moyens à éviter de montrer des signes extérieurs de richesse. Elle consomme des produits très sains, n'a jamais mis les pieds chez Primark, Babou ou Gifi. Quand elle va chez Emmaüs, ce n'est pas pour acheter le nécessaire mais pour s'offrir du « vintage » pour pas cher.

La consommation des plus favorisés, c'est bien autre chose. La voiture constitue un signe de distinction essentiel. Même si le lien entre le type de véhicule et la catégorie sociale tend plutôt à diminuer, pour la plupart des Français, avoir une belle (et chère) voiture constitue un signe extérieur de richesse. « Le poids du véhicule croît avec le statut professionnel[1] », note le sociologue Yoann Demoli. 3 % des ménages disposent d'une berline classée comme très haut de gamme (comme une BMW série 5 ou 6) et 7 % une automobile haut de gamme (catégorie qui comprend les plus grosses voitures françaises comme la Renault Talisman ou la Peugeot 508), selon l'étude annuelle sur le parc automobile des ménages français réalisée par Kantar TNS (données 2018). 11 % possèdent un 4 × 4 ou un SUV, mais une partie de ces véhicules ne sont pas considérés comme haut de gamme. L'affaire n'est pas que symbolique : comme l'a montré Yoann Demoli, les voitures n'offrent pas non plus les mêmes conditions de sécurité : « Les modèles les plus polluants, les plus protecteurs mais aussi les plus dangereux pour autrui sont aux mains des catégories ayant le volume de capital le plus élevé », note-t-il.

Le fait de prendre l'avion classe encore plus. Une petite partie des classes favorisées, surtout si elles sont de gauche et très diplômées, vomissent ce moyen de transport même si cela ne les empêche pas d'y avoir recours. Malheureusement, la question n'intéresse guère la statistique publique puisqu'on ne dispose que de données de 2008 du ministère des Transports à ce sujet. À l'époque, la moitié de la population la moins aisée effectuait l'équivalent d'un voyage tous les cinq ans. Les 10 % les plus riches prenaient l'avion 6 fois plus souvent.

1. Yoann Demoli, « Carbone et tôle froissée. L'espace social des modèles de voitures », *Revue française de sociologie*, 2015/2, vol. 56.

Douze ans plus tard, les chiffres sont sans aucun doute supérieurs, mais les écarts doivent être de même niveau.

Le vêtement a aussi toujours constitué une ligne de démarcation dans l'espace public. Peut-on distinguer dans la rue nos privilégiés à la façon dont ils s'habillent ? Là encore, on manque de travaux récents sur le sujet pour renouveler le travail réalisé par le sociologue Nicolas Herpin au milieu des années 1980[1]. « Les goûts des parents les portent à apprécier les vêtements qui sont peu ou pas accessibles aux catégories sociales moins favorisées qu'eux, tandis que leurs dégoûts les conduisent à mettre à distance et parfois à rejeter un certain nombre de tenues caractéristiques d'autres classes ou fractions de classes[2] », indique Martine Court, dans une étude sur les goûts vestimentaires des parents pour leurs enfants. Rares sont les enfants de nos classes aisées habillés en Tex, la marque de distributeur de Carrefour.

Montrer que l'on porte des marques ne suffit pas, bien au contraire. Celles-ci sont surtout affichées par les jeunes des milieux populaires, méprisés par ceux qui portent des vêtements plus coûteux, mais plus discrets. Les parents les moins favorisés se sacrifient eux-mêmes pour que leurs enfants ne soient pas exclus de la norme en leur offrant « de la marque ». La distinction vestimentaire se fait plutôt par la coupe, les couleurs, les détails qui distinguent. Bien moins par le logo de la firme qui

1. Nicolas Herpin, « L'habillement, la classe sociale et la mode », *Économie et Statistique*, n° 188, mai 1986.

2. Martine Court, « Des enfants distingués. Goûts vestimentaires et distinction sociale dans les familles de classes moyennes et supérieures », *Enfances Familles Générations*, n° 31, 2018.

les a produits qui se fait discrète dans les classes supérieures mais qui se reconnaît dans l'entre-soi. L'habit fait le moine. Être riche, c'est aussi en avoir l'apparence, savoir « maîtriser » sa garde-robe : porter le bon habit au bon moment et de la bonne façon. La faute de goût classe. Évidemment, le bon goût de la bourgeoisie économique n'est pas le même que celui de bourgeoisie intellectuelle, qui s'affiche de façon beaucoup plus « négligée », et dont les marques diffèrent.

De riches loisirs de riches

La fracture entre classes sociales s'exprime avec force dans les loisirs, domaine par excellence de la « consommation ostentatoire », mise en lumière par le sociologue américain Thorstein Veblen à la toute fin du XIXe siècle dans sa *Théorie de la classe de loisir* (1899). Pour la France privilégiée, les congés sont synonymes de départs en vacances, de repos, de dépaysement, d'activités ludiques et sportives diverses. Chaque année, 40 % des Français ne partent pas, selon le Crédoc. Seuls 17 % s'échappent au moins une fois tous les deux ans l'hiver, et 8 % vont skier. On devrait y ajouter – mais la part n'est pas mesurée par la statistique publique – ceux qui partent pour une destination lointaine se ressourcer au soleil.

Une partie des couches aisées jouissent du bénéfice d'une résidence secondaire. On s'y détend, on s'y retrouve en famille ou avec des amis. On entretient ainsi un réseau de relations, autre signe distinctif. En France, 15 % des ménages sont propriétaires d'au moins un autre logement, dont 8 % d'au moins un logement mis en location et 5 % d'au moins une résidence secondaire, selon les données 2013 de l'Insee. Les deux tiers de ces derniers figurent parmi le quart de la population la plus riche.

Les activités pratiquées classent aussi. D'abord les sports. Parmi les 15 ans et plus, 40 % pratiquent la course ou la marche à pied selon l'enquête 2018 sur les pratiques sportives de l'Injep-Crédoc[1], mais seulement 2 % des sports aériens et 3 % l'équitation par exemple, des activités qui se distinguent par leur prix mais aussi par le fait qu'elles demandent un savoir-faire technique poussé (sports aériens, automobile, nautisme, etc.). Le lieu de pratique organise aussi le tri : entre le club-house huppé et le terrain de tennis municipal ouvert à tous, le public n'est pas exactement le même.

Même chose pour les pratiques culturelles. Si 9 % de la population indique être allée au théâtre une fois dans l'année dans l'enquête[2] du ministère de la Culture (données 2018), c'est le cas de 14 % des diplômés du supérieur contre 4 % des sans-diplôme. 80 % des premiers ont lu au moins un livre, 2 fois plus que les seconds. L'essor de l'industrie culturelle et l'élévation des diplômes ne brouillent les frontières entre les classes sociales que pour ceux qui ne veulent pas voir la permanence des inégalités sociales. La distinction se déplace : « Si certaines dynamiques de réduction des écarts entre milieux sociaux apparaissent pour les pratiques les plus

1. « Baromètre national des pratiques sportives 2018 », Notes & rapports, INJEP, janvier 2019.

2. Philippe Lombardo et Loup Wolff, « Cinquante ans de pratiques culturelles en France », *Culture études*, ministère de la Culture, 2020.

répandues (écoute de musique, fréquentation des cinémas) ou pour celles qui ont connu le développement spécifique d'un public jeune (bibliothèques), la fréquentation des lieux patrimoniaux (musées, expositions, monuments) connaît quant à elle un creusement de ces écarts : les plus diplômés et les catégories socioprofessionnelles supérieures sont aujourd'hui plus encore qu'hier susceptibles de s'adonner à ces visites », concluent Philippe Lombardo et Loup Wolff, les auteurs de l'étude du ministère de la Culture que l'on vient de citer.

Dans ce domaine, ce n'est pas l'argent qui compte le plus : ces secteurs culturels – ultra-subventionnés – proposent des entrées dont les tarifs sont peu ou prou équivalents à ceux des spectacles destinés aux catégories populaires. Le milieu social, l'habitude que l'on a prise souvent jeune de ce type de pratique culturelle dont on connaît les codes jouent bien plus. Comme la résidence secondaire ou les dîners, sports et loisirs sont des occasions de rencontres où l'on se montre, où l'on se transmet des informations utiles et qui contribuent, *via* des réseaux, à la reproduction sociale.

Reste le premier des loisirs des Français : la télé. Elle est largement transclasses, sauf pour une poignée d'ultra-diplômés de gauche qui y sont réfractaires tant ils ont peur de la culture de masse. Plus de 40 millions de téléspectateurs regardent tous les jours la télévision, tous écrans confondus[1]. Dans les années 1960-1970, posséder un poste de télévision était un signe de distinction. Aujourd'hui, c'est l'inverse. Il est

1. Données Médiamétrie 2019.

de bon ton, dans les milieux éduqués, de ne pas en avoir ou de la cacher, notamment de peur de ses conséquences pour le cerveau des jeunes enfants. Selon l'Insee, 98 % des ouvriers sont équipés d'au moins un poste, contre 88 % des cadres supérieurs (données 2018). C'est donc surtout une infime minorité parmi les plus favorisés qui résiste au petit écran, et qui préfère l'ordinateur et Internet. Qui regarde des séries branchées quand les milieux populaires regardent la télé de masse. Tout de même, les CSP+ regardent la télévision une heure dix de moins par jour que la moyenne des 15 ans et plus[1].

On peut prédire assez facilement que demain il en sera de même avec les réseaux sociaux. Il sera chic, chez les diplômés, de ne pas y mettre les pieds. Les cadres supérieurs les fréquentent d'ailleurs déjà moins depuis qu'ils se sont massifiés. La proportion d'utilisateurs diminue lentement depuis 2017. La part d'usagers des réseaux sociaux est déjà plus élevée chez les employés (77 %) que chez les cadres supérieurs (65 %) en 2019[2].

On pourrait multiplier les exemples de pratiques qui classent. Il en est une, peu visible, qui sépare les groupes sociaux : le fait de se faire servir, qui constitue une marque de puissance, sens originel du mot « riche », avoir du pouvoir sur les autres. Nous verrons comment, en matière d'emploi, une partie des catégories populaires sont au service des plus

1. *Idem.*
2. « Baromètre du numérique 2019. Enquête sur la diffusion des technologies de l'information et de la communication dans la société française en 2019 », Crédoc, 2019.

favorisés[1], cela se reflète aussi dans le domaine des modes de vie.

Une partie de la population favorisée achète le temps des autres pour se débarrasser de certaines tâches qu'elle ne souhaite pas faire : laver les sols, passer l'aspirateur, repasser. Il ne s'agit pas d'avoir un maître d'hôtel ou une cuisinière à demeure mais de faire appel régulièrement à une femme de ménage, un étudiant pour des cours particuliers ou une baby-sitter notamment. On manque de données pour mesurer le phénomène. Celles dont on dispose mélangent l'aide portée aux plus âgés sous condition de ressources et l'emploi de personnel de maison. On sait tout de même que seuls 7 % du dixième le plus pauvre ont recours à ce type de service, grâce à une aide financière, contre un tiers du dixième le plus riche (données du ministère du Travail 2011), qui ne paie que la moitié du coût du fait de réductions d'impôts (voir aussi p. 160). Au total, la moitié de la population profite de moins de 7 % de la masse des baisses d'impôts associées aux emplois domestiques alors que les 10 % du haut de l'échelle bénéficient de 43 % de cette mesure[2].

1. Voir p. 160.

2. Clément Carbonnier et Nathalie Morel, « Étude sur les politiques d'exemptions fiscales et sociales pour les services à la personne », *LIEPP Policy Brief*, n° 38, Sciences Po, octobre 2018.

5

La dynamique brisée des classes populaires et moyennes

Pour comprendre les tensions sociales, la dynamique des revenus compte encore davantage que le niveau des écarts que nous venons de décrire. Les cinquante dernières années sont marquées par un grand changement pour les classes populaires et moyennes. De 1970 à la fin des années 1980, les écarts se réduisaient entre le haut et le bas de la pyramide des revenus. Dans les années 1990, cette baisse est stoppée et les inégalités remontent à partir des années 2000. Depuis vingt ans pour les classes populaires et quinze ans pour les couches moyennes, les niveaux de vie stagnent.

Pour le bas comme le milieu de l'échelle sociale, cette morosité contraste avec les progrès réalisés à la suite des Trente Glorieuses et les conquêtes qui ont suivi 1968. Ce n'est pas le scénario d'effondrement du bas, d'étranglement du milieu et d'explosion des hauts revenus souvent relayé qui prévaut. Mais une forme de stagnation, de morosité, qui bouscule les aspirations au progrès et entraîne d'immenses déceptions et frustrations. Pour les couches moyennes, c'est une rupture historique. Du jamais-vu depuis les années 1930. En revanche, les classes aisées continuent à en avoir encore plus.

Les privilégiés ne connaissent pas la crise

Si les 1 % les plus riches ne connaissent pas la crise, les classes aisées – nos 20 % supérieurs – non plus. Ces vingt dernières années ont été très bénéfiques, mais la progression n'a pas été linéaire, loin de là. La période la plus faste est surtout celle des années 1996-2011 : le niveau de vie moyen de la tranche des 10 % du haut de l'échelle des revenus a alors grimpé de 30 %.

Les mesures fiscales prises par Nicolas Sarkozy d'abord et François Hollande entre 2011 et 2012 ont amputé sérieusement leurs revenus mais, dès 2014, ces catégories ont déjà vu leurs niveaux de vie réaugmenter. L'arrivée au pouvoir d'Emmanuel Macron sera, pour eux, une bénédiction. À peine installé à l'Élysée, il supprime la majeure partie de l'impôt sur la fortune et réduit l'imposition des revenus du patrimoine[1]. Résultat, entre 2016 et 2018, le niveau de vie moyen des 10 % supérieurs grimpe de 3 200 euros annuels pour une personne seule, + 6 %. Le terrain perdu au début des années 2010 est déjà quasiment

1. Avec la mise en place d'un prélèvement unique au lieu d'une imposition progressive, frappant plus lourdement les hauts revenus.

rattrapé. Les privilégiés se sont éloignés des classes moyennes. En 1996, l'écart entre le niveau de vie médian de la population et le niveau de vie moyen des 10 % les plus riches était de 28 300 euros annuels. En 2018, il s'élevait à 39 840 euros, toujours pour une personne seule.

Ici aussi, il faut rester dans la mesure. On pourrait également raisonner d'une manière relative et indiquer que le rapport entre le niveau de vie moyen des 10 % les plus riches et le niveau de vie médian de la population n'est passé « que » de 2,6 à 2,9. Pour autant, c'est bien en euros, et non en termes de rapport, que les écarts de niveaux de vie se vivent, que l'on se compare. 40 000 euros d'écart chaque année – 3 300 euros par mois – entre le haut et la partie médiane des revenus, pour le commun des mortels, c'est tout simplement un gouffre.

Ce gouffre alimente la reproduction des inégalités dans le temps. Les 20 % des ménages les plus aisés épargnent en effet chaque année en moyenne 28 % de leurs revenus[1]. En comparaison, jusqu'aux 40 % les plus pauvres (ce qui correspond environ à nos classes populaires), on ne met quasiment rien de côté. Entre les 40 % du bas et les 20 % supérieurs, on épargne environ un dixième de ce que l'on gagne. Le revenu disponible annuel moyen des ménages aisés (après impôts) est de 87 600 euros. Ils épargnent donc chaque année quasiment 25 000 euros, soit 1,2 fois l'ensemble

1. Jérôme Accardo et Sylvain Billot, « Plus d'épargne chez les plus aisés, plus de dépenses contraintes chez les plus modestes », Insee, « Insee Première », n° 1815, septembre 2020. On raisonne ici par ménage et non par individu.

du revenu des 20 % du bas. Ces 25 000 euros alimentent un capital qui, placé, produit à son tour du revenu. À ce rythme, en une vie de travail, l'accumulation représente environ 1 million d'euros qui vont pouvoir être transmis aux générations futures et leur permettre de maintenir l'écart. Au passage, ce million représente à peu près ce qu'un couple peu transmettre à ses deux enfants sans qu'ils paient de droits de succession[1]. Non seulement l'écart se creuse, mais les classes aisées s'assurent que celui-ci se maintienne dans le temps.

Les classes que nous appelons « aisées » se composent aussi de classes qui jouent dans une division supérieure. Les niveaux de vie des hyper-riches hors du commun – il s'agit des 0,1 ou 0,01 % du haut de la distribution des revenus – fascinent la gauche alors qu'ils ne constituent pas le sujet le plus intéressant. Il n'empêche que les choses vont plus que bien pour ceux qu'on pourrait appeler les « tellement plus ». Parmi nos 20 % supérieurs, il est vrai que c'est la frange la plus haute qui s'est le plus élevée ces dernières années du fait des mesures très favorables aux tranches les plus hautes prises en 2017. C'est une des raisons qui explique le discours sur l'hyper-richesse. Notamment en raison des évolutions de patrimoine. Sur une longue période, de 1966 à 1983, la part du patrimoine global détenu par les 1 % les plus riches a été divisée par 2, passant de 32 % à 16 %, selon les données du World

1. Anne Brunner et Louis Maurin, « Héritage : comment transmettre un million d'euros sans payer d'impôts », Observatoire des inégalités, version du 8 septembre 2020.

Inequality Database[1]. Mais alors la courbe des inégalités de patrimoine s'inverse. Et ces 1 % remontent progressivement le terrain pour revenir à 23,4 % en 2015.

Fin de partie pour les classes moyennes

Le sort des « classes moyennes » est l'objet de débats sans fin. Après avoir célébré leur avènement dans les années 1980, on annonce leur disparition sous l'effet d'une « polarisation » des emplois : le développement de postes très peu qualifiés d'un côté et très qualifiés de l'autre. En réalité, aucun élément ne permet d'affirmer que ces couches sociales sont en déclin en France, comme l'a montré le Centre d'observation de la société[2]. Au sein de ces catégories, la diminution du nombre des ouvriers et employés qualifiés est ainsi compensée par la progression des professions intermédiaires, un peu mieux loties. Et entre 1982 et 2018, par exemple, la part des classes moyennes dans l'emploi serait passée de 40 % à 43 % des emplois[3].

Cela ne signifie pas pour autant que le sort de cette population de l'entre-deux soit reluisant, au contraire. À partir des années 1970, en dépit du ralentissement de la croissance, les classes moyennes se situaient toujours

1. « Comment évoluent les inégalités de patrimoine en France ? », Observatoire des inégalités, version du 25 août 2020.

2. « L'introuvable "polarisation" des emplois », Centre d'observation de la société, version du 19 février 2020.

3. « Des classes moyennes toujours en progression », Centre d'observation de la société, version du 10 décembre 2019.

dans une dynamique de progrès. Entre la fin des années 1970 et la fin des années 2000, le niveau de vie médian a augmenté de 40 %. C'était la belle époque. La crise de 2008 a sonné la fin de cette phase d'expansion comme pour les classes populaires. Même la partie supérieure de ces classes est touchée par la stagnation. Le haut des classes moyennes, la fraction des 10 % situés entre les 70 % et 80 % les plus favorisés (entre 2 200 et 2 600 euros mensuels pour une personne) n'a pas bougé entre 2009 et 2018. Certes, leur sort est bien meilleur que celui des classes populaires et des plus pauvres dont le niveau de vie stagne depuis plus longtemps. Mais là, c'est du jamais-vu en matière de statistiques : il faut probablement remonter à la crise des années 1930 pour observer une évolution similaire[1].

Pour les classes moyennes, ce coup d'arrêt constitue un renversement. Ces catégories sociales, la France des pavillons et de la voiture détestée par la gauche des centres-ville, sont souvent issues de milieux populaires, ruraux, ouvriers ou immigrés. Elles ont connu par le passé des mouvements parfois très nets d'ascension sociale. Voir leurs revenus ne plus progresser, leurs enfants peiner à réaliser le même mouvement vers le haut qu'eux entraîne une profonde déception et du ressentiment. Le stop produit le même effet que le freinage brutal d'une voiture : il secoue les passagers, en particulier ceux qui n'ont pas de ceinture de sécurité et travaillent dans des secteurs où l'emploi est menacé. La rupture d'un couple, un problème grave de santé

1. La comparaison doit se faire avec prudence car, en 1930, le niveau de vie était beaucoup plus faible.

peuvent les faire vite descendre plusieurs barreaux de l'échelle sociale. Les salariés moyens du secteur privé sont hantés par la peur du chômage, qui peut à tout moment les faire tomber en bas de l'échelle. L'arrêt d'une dynamique de progrès, même si elle ne se traduit pas par un effondrement, a un impact majeur quant aux perspectives d'avenir.

Classes populaires : deux décennies de marasme

Pour les classes populaires, la stagnation des revenus remonte déjà à deux décennies, au début des années 2000. En 2018, le niveau de vie moyen des 10 % du bas de l'échelle est de 8 600 euros annuels (soit 715 euros par mois), un montant inférieur à ce qu'il était en 2002. Il est probablement encore plus bas aujourd'hui du fait de l'ampleur de la crise économique et sanitaire.

Cette évolution est inédite dans l'histoire de l'après-Seconde Guerre mondiale. Les Trente Glorieuses ont été marquées par d'importantes inégalités, mais la croissance profitait largement aux plus démunis : globalement, la marée des revenus montait. La période 1970-1990 voit une très nette diminution des inégalités. Dans les années 1990, les inégalités ont recommencé à s'accroître mais, jusqu'aux années 2000, essentiellement par le haut, ce qui n'empêchait pas les plus pauvres de gagner chaque année un peu plus. Les très riches comme l'ensemble des catégories aisées voyaient leur niveau de vie progresser bien plus que les autres. Au final, tout le monde pouvait gagner davantage.

Depuis vingt ans, on assiste à des périodes de fluctuations des niveaux de vie au bas de l'échelle, un peu plus, un peu moins. Dans une morosité générale. Et encore, les données que communique l'Insee comprennent les prestations sociales. À la base, les revenus que touche le dixième le moins favorisé ont chuté de 12 % entre 2008 et 2018, comme le montre une étude de l'Insee[1]. Seul notre modèle social a permis de sauver la mise pour les classes populaires et d'éviter une catastrophe. Il faut mesurer ce que cela signifie : les revenus que perçoivent de leur propre travail les plus pauvres déclinent. Que les riches s'enrichissent, c'est monnaie courante dans l'histoire ; que les classes populaires s'appauvrissent ou stagnent, cela change la donne.

Pauvreté : la menace du coronavirus

Il y a un demi-siècle, 12 % de la population était pauvre[2]. Le taux de pauvreté a presque été divisé par deux des années 1970 à 1990, résultat notamment des conquêtes sociales de 1968 et de l'amélioration du niveau de vie des personnes âgées. Faute de redémarrage de la croissance, la pauvreté est remontée à partir du début des années 1990 avec des périodes de rémission, comme lors de la très forte reprise de la croissance

1. Fabien Delmas, Jorick Guillaneuf, « En 2018, les inégalités de niveau de vie augmentent », Insee, « Insee Première », n° 1813, septembre 2020.

2. Comme indiqué, nous situons le seuil de pauvreté à 50 % du niveau de vie médian.

entre 1997 et 2001. À son niveau plus faible, le taux de pauvreté était de 6,6 % en France en 1990. En 2018, dernière année connue, il atteint 8,4 %. Entre 2002 et 2018, le nombre de pauvres a progressé de 3,9 millions à 5,3 millions (+36 %).

La crise du coronavirus est arrivée au moment même où l'on commençait à croire en une possible baisse de la pauvreté du fait de la lente diminution du chômage depuis 2016. Une douche froide. Le malaise social grandit. L'arrêt d'une grande partie de l'activité économique a fait chuter les revenus des non-salariés, des flexibles. Elle a mis fin à de nombreux contrats à durée déterminée ou d'intérim. Les entreprises les plus touchées ont licencié.

Compte tenu de l'impact économique de la crise, même en cas de reprise, il faudra des années avant que l'on ne revienne à une situation comme celle qu'on a pu connaître dans les années 1990. Cela est d'autant plus inquiétant que, depuis vingt ans, la France n'a jamais vraiment retrouvé le chemin d'une croissance à la fois régulière et assez forte pour soulager la pauvreté. Bref, le débat sur le partage des fruits dans un régime de faible progression de l'activité reviendra vite.

La France pauvre n'est pas périurbaine et rurale

La pauvreté et les inégalités se concentrent dans les grandes villes : les deux tiers des pauvres vivent au cœur des grandes aires urbaines. Le taux de pauvreté atteint son maximum dans les villes de 100 000 à 200 000 habitants. Dans les communes des banlieues défavorisées ou les quartiers populaires des grandes villes, le taux de pauvreté dépasse souvent les 40 %, voire 50 %[1].

Les quartiers les plus en difficulté – parfois présentés comme bénéficiaires du dynamisme des métropoles – ne sont pas des ghettos à l'abandon, mais paient un tribut beaucoup plus lourd à la crise que la campagne ou la France pavillonnaire. Dans certains quartiers des grandes villes du sud ou du nord de la France, Marseille, Nîmes ou Lille, le taux de pauvreté est supérieur à 70 %[2]. À Nîmes, 20 000 personnes vivent dans un quartier où le taux de pauvreté dépasse 50 %. C'est au cœur des principales villes de France, ou souvent au bord du périphérique, que vit la France la plus déshéritée. Contrairement à une idée reçue, Paris est très loin d'être une ville bourgeoise : les 18e, 19e et 20e arrondissements, qui chacun regroupent presque 200 000 habitants – l'équivalent d'une grande ville de province – comptent tous plus de 20 % de pauvres.

Encore ne faudrait-il pas tomber dans l'excès inverse. La misère ne se résume pas non plus aux quartiers dits « prioritaires », situés en banlieue des grandes villes, victimes d'un « apartheid urbain ». Un discours qui vise aussi à réduire les politiques de lutte contre la pauvreté à des politiques territoriales sur un périmètre limité... et avec des budgets limités. Ce faisant, on oublie alors l'immense majorité des pauvres, qu'ils vivent en ville, dans le périurbain ou en milieu rural.

1. Pour les données territoriales, nous plaçons le seuil à 60 %.

2. Valérie Schneider, « Ces quartiers où plus de la moitié de la population est pauvre », Observatoire des inégalités, version du 28 décembre 2017.

Les séquelles sociales d'un virus

La crise économique et sociale entraînée par la situation sanitaire récente intervient dans un contexte de tensions sur les revenus. Des tonnes de littérature se déversent déjà sur le sujet. Son effet sur les inégalités n'a cessé d'être rappelé, dans la plus grande confusion intellectuelle. Après la « giletjaunologie », on a eu droit à la « covidologie », chacun y allant de sa petite voix. Des équipes entières de sociologues se sont lancées pour étudier le sujet et mettent en avant l'impact du confinement en matière d'habitat, de démographie, de déplacements, de partage des tâches domestiques, etc.

Ce phénomène est sans doute logique vu l'ampleur de la crise, mais, faute de hiérarchisation, on a assisté à un grand mélange. On a mis sur le même plan le surcoût lié à l'absence de cantines scolaires et la perte d'emploi. Rappelons une évidence : la Covid-19 a d'abord tué plus de 70 000 personnes – ce sont essentiellement des personnes âgées de tous niveaux sociaux qui en ont payé le tribut. Cela n'empêche pas de tenter de réfléchir à son impact sur les revenus, en prenant beaucoup de précautions. La baisse de l'activité économique pour l'année 2020 est sans précédent dans l'histoire économique de l'après-Seconde Guerre mondiale, le PIB aura diminué d'environ 10 % et la suite des événements demeure incertaine.

Pourtant, à la sortie du confinement à la mi-mai, la crise n'avait eu aucune conséquence dans ce domaine pour la grande majorité de la population. Parmi les adultes, on compte d'abord 19,3 millions de ceux que l'on dit « inactifs », des retraités notamment. Ils ne sont pas concernés directement par la baisse d'un salaire, sauf s'ils vivent avec une personne qui est elle-même touchée. La collectivité a continué à payer les retraites, les minima sociaux et les allocations logement. Une grande partie des salariés a continué à travailler normalement ou en télétravail (environ la moitié des salariés du privé). Enfin, les collectivités publiques (5,4 millions de salariés) ont versé intégralement le salaire de leurs agents, même ceux qui ne travaillaient plus. Juste avant la crise, les pouvoirs publics s'attachaient à mettre en place une réforme réduisant l'indemnisation des chômeurs : voilà que la collectivité consacre soudainement des milliards à maintenir le niveau de vie des personnes sans activité.

Faute de pouvoir sortir et dépenser leur argent, la plupart des ménages ont vu leur épargne s'accroître. Les coupes de cheveux, les repas au restaurant ou les vacances non prises sont autant d'économies. Les frais de transport ont diminué : on roule moins et le prix de l'essence a fortement baissé. En matière de consommation, pendant le confinement, on s'est concentré sur l'essentiel. L'Insee estime d'ailleurs que le niveau de la consommation a diminué d'un tiers. Une étude du Conseil d'analyse indique que 70 % des 50 milliards d'euros ainsi épargnés l'ont été par les 20 % des ménages les plus aisés[1]. Il n'y a pas que la France ultra-riche partie se mettre au vert dans sa maison de campagne qui a profité du confinement.

1. David Bounie *et al.*, « Dynamiques de consommation dans la crise : les enseignements en temps réel des données bancaires », Conseil d'analyse économique, rapport de recherche n° 49-2020, octobre 2020.

Les plus touchés par la crise sont d'abord les non-salariés. Pour une partie d'entre eux, l'activité a été stoppée net. Pour ceux qui n'avaient pas de quoi voir venir, souvent les indépendants les plus modestes, vivant parfois de petits jobs payés à la tâche, le choc a été particulièrement violent. Le pire étant bien sûr pour tous ceux qui ne sont pas déclarés, des femmes de ménage aux emplois étudiants, qui se retrouvent sans plus aucune ressource. Il y a aussi tous ceux dont le travail s'est arrêté du fait de leur contrat : les salariés en intérim et en CDD qui se retrouvent au chômage. Une partie des 660 000 jeunes qui sont arrivés sur le marché du travail à la rentrée scolaire ont trouvé portes closes. La génération 2020 et probablement les suivantes, les enfants du début du siècle, resteront pour longtemps marquées. Les chômeurs d'avant la crise vont se retrouver au bout d'une file d'attente immense et avoir encore plus de mal à remettre le pied à l'étrier. L'effet se répercutera par vagues dans les générations suivantes.

6

Une école qui classe

La répartition des diplômes est au moins aussi inégale que celle des revenus. Notre système éducatif donne une longueur d'avance aux enfants de la bourgeoisie intellectuelle. L'échec scolaire des catégories non diplômées est encore plus violent dans un pays où l'école occupe une place centrale[1]. Malheur à celui qui échoue, il n'avait qu'à disposer d'une intelligence plus développée, ou travailler davantage. Là aussi, il faut prendre la bonne mesure des inégalités. Cette violence des écarts ne signifie pas que l'école « augmente les inégalités » ou que la France en soit la « championne du monde ». Cette caricature contribue surtout à justifier les arguments de ceux qui pensent qu'on en fait déjà trop, avec de prétendus mauvais résultats. L'échec du système éducatif n'est pas d'accroître les écarts mais de ne pas faire ce qu'il faut pour combattre les inégalités sociales, de « laisser faire ».

L'école française est soumise à des tensions. D'une part, le niveau global s'élève, l'échec scolaire se réduit,

1. François Dubet, Marie Duru-Bellat et Antoine Vérétout, *Les Sociétés et leur école. Emprise du diplôme et cohésion sociale*, Éditions du Seuil, 2010.

ce qui favorise tout le monde, y compris les classes populaires. Si on observe le long terme, un processus d'émancipation est en marche. Parallèlement, les distinctions se déplacent dans le cursus. Le niveau monte, mais la distance qui sépare le bas ou le milieu de l'échelle demeure. Un peu comme si l'on faisait monter tout le monde en même temps un escalier en ajoutant des marches au fur et à mesure.

L'école n'augmente pas les inégalités

Commençons, une fois encore, par une mise au point. Comme pour les inégalités de revenus, en rajouter en matière d'inégalités d'éducation a des effets pervers. L'insistance sur les défaillances du système éducatif français joue le même rôle que le discours du président de la République sur le « pognon de dingue » pour les plus pauvres : montrer qu'on pourrait faire au moins aussi bien avec moins, limiter les crédits de l'école. Alors que chez les enseignants, elle traduit souvent l'inverse : le sentiment de ne pas avoir les moyens de mettre en œuvre leurs projets.

Le meilleur exemple pour comprendre cela est de partir de la publication d'un rapport du Conseil national de l'évaluation du système scolaire (Cnesco) en 2016 avec un titre choc : « Comment l'école amplifie-t-elle les inégalités[1] ? » Il déclenche alors une tempête médiatique. Chez les intellectuels de gauche et même

1. « Comment l'école amplifie-t-elle les inégalités ? », Cnesco, septembre 2016.

quelques spécialistes de l'école, le sens commun est désormais que l'école « augmente les inégalités ». Personne ne prend le temps de questionner cette affirmation pour le moins étrange. Comment, concrètement, l'école pourrait-elle *augmenter* les écarts ? L'affirmation est d'autant plus étonnante quand elle est relayée par des enseignants eux-mêmes, qui n'ont pas le sentiment de travailler à l'augmentation des inégalités.

L'école française remplit toujours son rôle, essentiel, d'émancipation des catégories populaires. Chaque année, des centaines de milliers d'enfants sont scolarisés, apprennent à lire, écrire, compter et bien plus, alors que, sans notre système public, ils n'en auraient pas les moyens. Pour prendre conscience de l'erreur, il suffit d'imaginer ce qu'il en serait en matière d'inégalités si l'éducation était livrée au domaine privé. Les mêmes qui dénoncent les effets de l'école ont clamé lors de la crise sanitaire du printemps 2020 que perdre trois mois d'école allait faire exploser les écarts. Scolariser un seul enfant au primaire coûterait environ 6 000 euros par an, coût impossible à assumer pour la plupart des familles.

On peut chercher longtemps, aucune donnée ne permet de conclure que l'école accroît les inégalités sociales. Même les auteurs du rapport du Cnesco écrivent : « [Si] l'école française ségrègue moins les élèves de façon flagrante qu'il y a cinquante ans, elle tend cependant à maintenir de nombreuses inégalités sociales et migratoires en son sein, plus cachées, moins observables, mais pourtant bien présentes[1]. » En 1978, 41 % des jeunes de 18 à 24 ans avaient quitté le système scolaire avec, au

1. *Ibid.*, p. 9.

mieux, le brevet de fin de troisième et ne suivaient aucune formation (ils sont qualifiés de « sortants précoces »), selon le ministère de l'Éducation nationale. En quarante ans, cette proportion a été divisée par plus de 4 et s'établit à 9 % en 2018. Même s'il reste 80 000 jeunes qui quittent le système scolaire chaque année avec un bagage faible, c'est l'une des transformations sociales majeures des dernières décennies. La part d'enfants d'ouvriers qui sortent de l'école sans diplôme ou avec le brevet est passée de 80 % à 20 % entre 1946 et 2000.

Le fait que les inégalités se creusent tout du long des parcours ne veut pas dire que l'école augmente les inégalités. Dans les classes du brevet de technicien supérieur, par exemple, on trouve une part d'enfants d'ouvriers en BTS équivalente à celle de leurs parents dans la population. Un BTS, c'est loin d'être un diplôme négligeable, même si les parents les plus diplômés rêvent d'horizons encore plus lointains pour leurs enfants. L'école tire vers le haut et assure la promotion sociale d'une partie des catégories populaires. Une grande partie des étudiants de ces filières ont un niveau de diplôme bien supérieur à celui de leurs parents.

La France n'est pas non plus la « championne des inégalités scolaires », comme le clame la presse tous les trois ans quand elle commente les données de l'enquête menée par l'OCDE (dite Pisa) sur le niveau des élèves âgés de 15 ans. Le travail de l'organisation internationale, quelle que soit sa qualité par ailleurs, ne permet pas de tirer un tel enseignement. L'enquête pose un grand nombre de difficultés méthodologiques, dont une est majeure : il n'existe pas de nomenclature internationale des catégories sociales et les professions des parents sont déclarées par les élèves qui les connaissent assez mal. L'indicateur qui sert à démontrer l'ampleur des inégalités est un fourre-tout obscur que personne ne consulte jamais en détail. L'enquête ne mesure pas le « niveau » scolaire global mais les compétences à 15 ans (alors qu'une partie des élèves est en seconde, l'autre en troisième) dans trois domaines : les sciences, la « littératie » (l'aptitude à comprendre et utiliser l'information écrite) et les mathématiques.

Un certain nombre de travaux de comparaison internationale publiés par le ministère de l'Éducation depuis longtemps[1] sont passés sous silence, alors qu'ils montrent que la France est loin d'être un contre-modèle. Si l'on observe non les résultats, mais les diplômes obtenus et le lien avec le milieu social des parents, notre pays est l'un de ceux où le décrochage scolaire est parmi les plus faibles et où les enfants de parents peu diplômés s'en sortent mieux que la moyenne.

La société des diplômés

Pour comprendre l'ampleur des écarts scolaires, il n'est pas inutile de faire d'abord un point sur le niveau de diplôme des Français dans la France de 2020. Dans ce domaine, l'écart entre la société française vue d'en haut et la réalité sociale est tout ausi important que pour les revenus.

Tout en haut de la hiérarchie, 20 % des adultes sortis du système éducatif disposent au moins une licence

1. Florence Lefresne, « Du bon usage des comparaisons internationales dans l'aide au pilotage des systèmes éducatifs », *Éducation et formations*, n° 91, ministère de l'Éducation, septembre 2016.

(données Insee 2019). Ce cinquième constitue le cœur des classes favorisées du point de vue scolaire, que nous qualifions de bourgeoisie intellectuelle car elle dispose d'un capital scolaire qui joue le même rôle qu'un capital monétaire[1] : il se transmet entre générations. Au total, moins d'un tiers de la population adulte a décroché un diplôme de l'université. En bas de l'échelle, un peu plus du quart de la population est allée au maximum jusqu'au brevet des collèges et la moitié jusqu'à l'équivalent du CAP ou du BEP. Au milieu, celles que l'on pourrait qualifier de « classes moyennes du diplôme », comme on le fait habituellement pour les revenus, ont le bac, un BTS voire un diplôme d'IUT. Concrètement, toute une partie du discours public, des partis politiques, du monde associatif, de la culture, de la presse est cryptée pour les classes populaires. Elles n'en comprennent souvent ni les problématiques ni les mots[2] et ne s'y reconnaissent pas. En revanche, ces catégories, en moyenne plus âgées, peuvent être davantage réceptives à la circulation de fausses informations *via* les réseaux sociaux.

L'écart entre le niveau de diplôme des Français et l'image qui en est donnée résulte pour partie d'une confusion entre le niveau des jeunes qui sortent de l'école aujourd'hui et le niveau moyen de l'ensemble de la population. On a oublié que, en 1980, seul un quart

1. On pourrait discuter du fait qu'elle est en quelque sorte propriétaire des moyens de production de ce capital scolaire en fait collectivisés, comme le bourgeois économique possède le capital économique. Le concept de « bourgeois bohème », le « bobo » est trop vague et semble s'appliquer à une frange plus étroite.

2. Un exemple est donné avec la mise en avant d'une politique du « care » (le soin, l'attention aux autres).

des jeunes allaient jusqu'au bac, contre 80 % aujourd'hui. La société forme un tout, qui rassemble des générations inégalement dotées : l'image renvoyée par les plus jeunes est trompeuse. Cette vision déformée résulte aussi de l'entre-soi dans lequel vivent les populations selon leurs milieux sociaux. La ségrégation résidentielle n'a pas explosé, comme le note une étude de France Stratégie, même si l'organisme révèle qu'une part croissante de cadres vit dans un quartier à majorité de cadres (0,1 % en 1990, 14 % en 2015), phénomène lié en partie à la progression de la part des cadres dans la population totale[1]. Il n'empêche que la migration d'une partie des couches moyennes vers l'habitat pavillonnaire a dépeuplé une partie des grands ensembles du salariat intermédiaire. Les cités ont concentré les difficultés économiques liées à l'emploi et la hausse des prix au cœur des plus grandes villes a éloigné lentement une partie des couches populaires et moyennes.

Comment l'écart se creuse

L'école n'augmente pas les inégalités, mais cela ne signifie pas pour autant que les inégalités n'y soient pas marquées. Elle ne fait tout simplement pas ce qu'il faut pour contrecarrer les inégalités entre milieux sociaux. À partir des années 1970, le système éducatif s'est ouvert aux classes populaires et moyennes. Il s'est « massifié ». Le travail mené par le sociologue Mathieu Ichou dans

1. Hugo Botton, Pierre-Yves Cusset, Clément Dherbécourt et Alban George, « Quelle évolution de la ségrégation résidentielle en France? », note d'analyse n° 92, juin 2020.

le cadre du rapport du Cnesco[1] montre que l'inégalité d'accès entre milieux sociaux à la classe de seconde a baissé, et que les inégalités dans l'obtention du bac aussi. En revanche, si l'on prend en compte les différentes filières, les écarts ont peu évolué. « D'une part, la massification de l'enseignement secondaire en France a été accompagnée d'une baisse notable des inégalités sociales d'obtention du baccalauréat depuis les années 1960 [...]. D'autre part cependant, la diversification du baccalauréat avec la création de types hiérarchisés de ce diplôme a en réalité provoqué le maintien du niveau des inégalités sociales à la fin du lycée, lorsqu'on considère plus précisément la voie et la série de baccalauréat obtenu », écrit-il. Il rejoint les conclusions de nombreux travaux de sociologues de l'éducation depuis des années qui indiquent que les inégalités se sont déplacées vers le haut du cursus scolaire[2]. Dans les années 1960, on triait les élèves à l'entrée au collège, aujourd'hui c'est au lycée. Tout le monde est monté d'un cran, mais l'accès au sommet est demeuré aussi inégalitaire.

Observons concrètement les évolutions. Pour avoir une vision globale de la situation, on peut classer les jeunes en fonction de leur âge de sortie, qui reflète à peu près la durée de leur scolarisation. Les 10 % le moins longtemps scolarisés ont quitté l'école au plus tard à 17,2 ans selon les calculs réalisés par Pierre Merle,

1. Mathieu Ichou, « Évolution des inégalités au lycée : origine sociale et filières », contribution au rapport du Cnesco « Comment l'école amplifie les inégalités sociales et migratoires ? » précédemment cité.

2. Pour une bonne synthèse du sujet, lire : Pierre Merle, *La Démocratisation de l'enseignement*, La Découverte, « Repères », 2017 (troisième édition).

sociologue[1], à partir des données du ministère de l'Éducation nationale. Massivement, il s'agit de jeunes qui quittent l'école après la troisième, ayant parfois redoublé. Une partie des élèves en échec « attendent » la fin de l'obligation scolaire de 16 ans sans que l'on déploie des moyens conséquents pour qu'ils raccrochent[2]. Les 10 % le plus longtemps scolarisés sont sortis de l'école au plus tôt à 25,6 ans : des étudiants du supérieur qui sont allés au minimum jusqu'au master ou la thèse. Au total, huit années séparent le haut et le bas de l'échelle de la formation initiale. Au cours des quarante dernières années, l'âge de sortie des moins bien lotis a augmenté de 1,5 année mais il s'est accru de 3,5 années pour les 10 % les mieux lotis. Toutes les catégories se sont élevées mais, au bout du compte, « la situation des "pauvres" en biens éducatifs s'est dégradée, de façon relative, malgré la diffusion considérable de l'accès à l'instruction », résume Pierre Merle. L'élévation n'est pas un mirage : les moins favorisés sont bien plus instruits qu'ils ne l'étaient dans la France d'hier. Les inégalités, elles, ont peu évolué.

Tout commence très tôt

C'est d'abord dans les petites classes que se jouent les inégalités scolaires. Dès le début de la scolarité, on constate des écarts. Au CE2, le quart des élèves les

1. Pierre Merle, « L'allongement inégal des scolarités », Observatoire des inégalités, version du 13 janvier 2020.
2. Il sera intéressant de voir comment l'obligation de formation des 16-18 ans mise en place en 2020 sera respectée.

moins favorisés – selon un indice de position sociale[1] élaboré par le ministère de l'Éducation nationale – obtiennent une note de 58 sur 100 en maîtrise du français et de 57 en mathématiques, contre 87 et 85 pour le quart issu du milieu social le plus favorisé (données 2017). Le redoublement, même s'il est de moins en moins utilisé, traduit les difficultés de certains élèves à suivre le rythme normal de la scolarité. Il concerne principalement les enfants issus des catégories modestes. À l'entrée en sixième, 10 % des enfants d'ouvriers ont déjà au moins un an de retard, contre moins de 2 % des enfants de cadres supérieurs et 4 % des enfants de professions intermédiaires (données 2017).

Très tôt, les petits Français sont plongés dans un double bain de notes et d'académisme. Au jeu de la comparaison, les élèves modestes sont perdants et se dévalorisent. Leur sort leur colle à la peau, ce qui a un impact sur leurs résultats, comme l'ont montré de nombreuses expériences de psychologie sociale. « Lorsque les exercices sont décrits comme une évaluation, les élèves de milieux populaires, que l'éloignement culturel des logiques scolaires porte davantage à douter de leurs "capacités", réussissent significativement moins bien que leurs pairs des milieux favorisés », notent Mathias Millet et Jean-Claude Croizet[2]. Plus la compétition est tendue,

1. Cet indice rassemble un grand nombre d'indicateurs comme le niveau de diplôme des parents, les conditions matérielles, le nombre de livres à la maison, etc.

2. Mathias Millet et Jean-Claude Croizet, *L'École des incapables ? La maternelle, un apprentissage de la domination*, La Dispute, « L'enjeu scolaire », 2016, p. 19.

plus elle sera difficile pour ceux qui sont les moins sûrs d'eux. « Contrairement à une idée commune, être confronté à la "réussite" des autres est une expérience souvent pénible qui pousse à la dévalorisation de soi », poursuivent-ils. Justement, l'école française, sous couvert de valoriser les « mérites », met l'accent sur la compétition, sur la part individuelle de la réussite scolaire, plutôt que sur la collaboration. Ce qui influe sur les possibilités de réussite des jeunes issus des milieux sociaux défavorisés.

Apprentissage de la lecture,
l'obsession française

La fixation française sur l'apprentissage de la lecture est intéressante pour ce qu'elle dit des classes favorisées et car elle est peut-être l'une des causes majeures des inégalités à l'école. Et si c'était justement l'apprentissage précoce de la lecture, déclenchant des inégalités en cascade, qui faisait de la France l'un des pays où le milieu social a un rôle important dans la réussite scolaire ? L'apprentissage précoce de la lecture et de l'écriture est une caractéristique française mais n'a aucun intérêt pour le niveau scolaire : la Finlande combine un apprentissage tardif (vers 7 ans), de faibles inégalités sociales à l'école et un niveau scolaire très élevé. Pour comprendre cette obsession, Mathias Millet et Jean-Claude Croizet filent la métaphore du vélo. Tout le monde apprend peu ou prou à faire du vélo, et les parents ne sont pas très attentifs à l'âge auquel leur enfant apprend à rouler tout seul. S'il fallait savoir en faire à l'école, ce serait une autre paire de manches. « Les parents, de leur côté, seraient rongés d'inquiétude face à un retard que tout semble désigner comme "anormal" et une incapacité à l'évidence infamante [...], potentiellement lourde de conséquences sur les orientations et la destinée à venir. Heureusement, le vélo ne s'apprend pas à l'école[1]... »

Pour savoir lire, il faut connaître un certain nombre de mots. « À l'entrée au cours préparatoire, les enfants au vocabulaire le plus pauvre connaissent une moyenne de 500 mots environ ; ceux moyennement pourvus atteignent 1 000 ; le groupe le mieux pourvu à peu près 2 500[2] », note le linguiste Alain Bentolila. « Ces inégalités sont d'autant plus préoccupantes que nous savons aujourd'hui qu'un déficit grave de vocabulaire risque de perturber gravement l'apprentissage de la lecture », dit-il par ailleurs. Plus on commence tôt cet apprentissage, moins les enfants des milieux populaires maîtrisent un vocabulaire suffisant, plus ils ont de risques d'être mis en échec. Et inversement, les enfants de milieux favorisés prennent dès le départ une longueur d'avance. L'école ne creuse pas les écarts : sans elle, un grand nombre des enfants de milieux populaires n'apprendraient pas à lire et à écrire. Il n'empêche qu'elle laisse les plus favorisés faire la course en tête. Et dès le CP, les inégalités sont en marche.

Le collège, le début du tri

Les inégalités sociales au primaire se retrouvent au collège. Jusqu'aux années 1960, tout allait bien. Chacun

1. *Ibid.*, p. 11.
2. Alain Bentolila, « Le vocabulaire et son enseignement. Le vocabulaire : pour dire et lire », ministère de l'Éducation, novembre 2011.

allait dans « son » école : les classes populaires étaient scolarisées jusqu'à la fin du primaire dans des écoles de quartier. L'arrivée au collège des enfants des catégories populaires dans les années 1980 et 1990 a été un choc dans les milieux diplômés. Recrutant au-delà du quartier, de nouveaux visages sont arrivés dans les collèges d'enseignement secondaire (CES). Les élites ont fait tout ce qu'elles ont pu pour empêcher la réalisation du « collège unique », prévu par la loi Haby de 1975, qui vise à mettre en place un « collège pour tous ». Celui-ci ne sera réalisé que trente ans plus tard, notamment après la suppression des troisièmes et quatrièmes technologiques[1]. Il reste cependant des sections d'enseignement général et professionnel adapté (Segpa), filière qui rassemble les élèves les plus en difficulté, mais elles ne comptent qu'un peu moins de 100 000 jeunes, une toute petite fraction. Les Segpa sont composées à 90 % de fils et filles d'ouvriers, d'employés et d'inactifs, contre 2 % d'enfants de cadres supérieurs.

En troisième, 21 % des élèves des milieux sociaux défavorisés ont redoublé au moins une fois, contre 5 % des élèves de catégories très favorisées. À la fin du collège, l'écart s'est déjà creusé parmi les adolescents. La coupure marquée avec le primaire dans la façon d'enseigner, la forme des enseignements (calqués sur le lycée, lui-même préfigurant l'université) et des évaluations-sanction désavantagent les plus défavorisés.

Le passage du collège au lycée est un moment clé, l'équivalent du rôle qu'avait autrefois le certificat

1. « Comment le collège est devenu unique », Centre d'observation de la société, version du 20 octobre 2016.

d'études. Un tournant majeur pour les jeunes, qui va déterminer leur vie future. C'est en effet là que s'effectue le premier tri scolaire à grande échelle, qu'on « oriente » vers le CAP et le bac professionnel le plus souvent ceux qui ont eu les moins bons résultats. Les enfants des catégories défavorisées forment 42 % des élèves au collège, toutes sections confondues, mais ils ne représentent ensuite que 31 % des élèves de seconde générale et technologique : toute une partie a été évincée du tronc qui mène aux meilleurs emplois. À niveau scolaire équivalent, les élèves de catégories populaires sont bien plus souvent orientés dans l'enseignement professionnel[1]. C'est aussi le moment où, dans les plus grandes villes, le tri s'opère entre établissements. Le moment où se déploient les stratégies scolaires pour faire entrer son enfant dans le « bon » lycée de centre-ville, celui dont il faut intégrer la classe prépa qui permet d'accéder après un long parcours méritant dans les « grandes écoles ». Des stratégies plus ou moins légales, menées souvent avec de très bonnes raisons, mais rarement en cohérence avec le discours des intéressés sur le service public quand ils votent à gauche.

Les enfants d'ouvriers regroupent environ 27 % des élèves. Au lycée, ils sont surreprésentés dans les filières professionnelles : ils représentent 38 % des élèves de CAP et 36 % des bacs pro, environ 20 points de plus que dans les filières générales (17 %). Pendant ce temps, la quasi-totalité des enfants des cadres supérieurs entrent

1. « Le déroulement de la procédure d'orientation en fin de troisième reste marqué par de fortes disparités scolaires et sociales », note d'information n° 13.24, ministère de l'Éducation, novembre 2013.

en seconde générale. La sélection sociale se poursuit tout du long de la scolarité. Plus on s'élève dans le cursus scolaire, moins on compte d'enfants d'ouvriers. Ils ne sont plus que 12 % des étudiants à l'université, 7 % en classes préparatoires et 3 % des élèves des écoles normales supérieures (qui comptent parmi les grandes écoles les plus sélectives). Inversement, la part des enfants de cadres augmente : de 18 % au collège, elle passe à 29 % en filière générale au lycée et au double dans les écoles normales supérieures.

Comme pour la grande richesse, la situation de l'élite scolaire fait couler beaucoup d'encre. L'hyper-élitisme français est connu : on compte 50 fois plus d'enfants de cadres que d'enfants d'ouvriers à Polytechnique. 20 fois plus dans les écoles normales supérieures. En fait, ces écoles ne sont guère plus fermées aujourd'hui qu'hier[1]. En 1982, François de Closets expliquait déjà que « cette alliance d'un système méritocratique inattaquable avec la transmission héréditaire des places convoitées, c'est l'admirable combinaison des contraires qui permet à une société injuste de tenir sur elle-même un discours de justice[2] ». L'élitisme républicain et son image d'Épinal du bon boursier issu de la classe ouvrière ou paysanne ont toujours été un mythe. « Les quatre grandes écoles étudiées [École polytechnique, École normale supérieure, ENA et HEC] ne se sont pas fermées aux couches populaires : elles se seraient plutôt légèrement ouvertes, mais moins que le reste de notre

1. « Des classes préparatoires et des grandes écoles toujours aussi fermées », Observatoire des inégalités, version du 12 avril 2017.
2. François de Closets, *Toujours plus !*, *op. cit.*, p. 117.

système éducatif[1] », analysaient dès les années 1990 Michel Euriat et Claude Thélot à propos de l'évolution sociale de ces grandes écoles des années 1950 à 1990. On a monté en épingle quelques belles réussites, de l'ancien président de la République Georges Pompidou au sociologue Pierre Bourdieu, deux diplômés de l'École normale supérieure issus de milieux modestes (le premier est fils d'instituteur, le second de facteur), pour cacher la place misérable des milieux populaires dans les effectifs.

La composition sociale des filières les plus sélectives de l'enseignement supérieur, et les mieux dotées en moyens, évolue peu. Les enfants de cadres représentent au moins la moitié des élèves alors qu'ils constituent à peine un quart de l'ensemble des jeunes. Dès les classes préparatoires et jusqu'aux aux grandes écoles, les catégories les moins favorisées sont quasiment absentes : on y compte 6,4 % d'enfants d'ouvriers, 10,1 % d'employés, contre près de 50 % d'enfants de cadres. Tout naturellement, ce déséquilibre se retrouve ensuite, et il est même amplifié quand on s'élève dans l'élite scolaire. L'ENA accueille 4,4 % de fils d'ouvriers et d'employés alors que 68,8 % de ses élèves sont issus de familles de cadres supérieurs, de professions libérales et d'enseignants. Les écoles d'ingénieurs sont, en moyenne, légèrement moins élitistes (46,5 % de cadres supérieurs) parce qu'elles comprennent certaines écoles ultra-sélectives et d'autres qui le sont moins. Ce monde se reproduit tout seul. En

1. Michel Euriat et Claude Thélot, « Le recrutement social de l'élite scolaire en France. Évolution des inégalités de 1950 à 1990 », *Revue française de sociologie*, 36-3, 1995.

toute logique, les trois fils de Pierre Bourdieu ont, à leur tour, intégré l'École normale supérieure.

L'État dépense pour les élèves de l'élite scolaire en moyenne 50 % de plus (15 000 contre 10 000) que pour un étudiant à l'université. C'est une moyenne : la somme est bien plus élevée pour le haut du panier des grandes écoles. Comme l'a montré une enquête menée par Valérie Schneider pour l'Observatoire des inégalités, la fine fleur des étudiants triés sur le volet est même payée pour étudier, avec des rémunérations allant de 1 300 à 2 300 euros net mensuels, avec des années d'études qui comptent pour leur retraite[1] ! À droite comme à gauche, personne ne s'en indigne, alors que l'argent manque pour financer l'école.

Tout a été dit sur ce moule qui produit une élite aux vues synthétiques et formatées. Les cabinets des ministères pensent en notes de synthèse en « deux parties, deux sous-parties » – selon le canon que l'on apprend à Sciences Po Paris – et n'oublient pas de citer les auteurs dont ils ont lu la dernière tribune dans *Le Monde*, *Libération* ou *Le Figaro*. Le conformisme à la française dirige notre pays.

Au fond, ces écoles ne sont pas l'horizon des classes populaires qui savent qu'elles ne pourront les intégrer que de manière exceptionnelle – quand elles en connaissent l'existence. Les dirigeants des grandes écoles ont d'ailleurs raison de dire qu'ils ne peuvent pas faire grand-chose pour modifier la composition sociale de leurs écoles, puisque la sélection se joue avant. C'est à un niveau bien plus large que se jouent les inégalités

1. Valérie Schneider, « Ceux que l'on paie pour étudier : enquête sur les privilégiés de l'école », Observatoire des inégalités, version du 31 août 2017.

scolaires, dès les petites classes. Comme le notent François Dubet et Marie Duru-Bellat : « La critique de l'élitisme reste elle-même élitiste. Au fond, en gardant les yeux rivés sur le recrutement des élites, tout se passe comme si l'idéal de l'égalité des chances méritocratiques se mesurait à l'aune de l'origine sociale des vainqueurs de la compétition scolaire et pas celle des vaincus[1]. » La gauche intellectuelle s'insurge parfois contre les 1 % de l'école : elle n'a pas grand-chose à faire du fait que les classes pour jeunes en difficulté ou les filières professionnelles soient essentiellement composées des enfants de milieux populaires.

L'emprise de l'école

Les enfants et les parents des catégories populaires sont placés dans une situation particulièrement violente. L'école ne cesse de mettre en scène la « méritocratie » scolaire, l'égalité des chances est rabâchée et l'élève sommé de se construire un « parcours individualisé de réussite éducative », surtout quand il échoue. Avec toute la meilleure volonté du monde, une partie ne suit pas le train des meilleurs et se voit écartée des bonnes places. Les plus en difficulté se construisent une image de réussite dans la difficulté : le cancre, le rebelle de l'école qu'il quittera le plus tôt possible et qui attend ses 16 ans au fond de la classe.

1. François Dubet et Marie Duru-Bellat, *L'école peut-elle sauver la démocratie ?*, Éditions du Seuil, 2020, p. 67.

Le fait d'être envoyé contre votre gré dans des voies désignées comme celles de l'échec et qui vous projettent dans un avenir professionnel que vous n'avez pas choisi constitue un choc psychologique majeur pour les adolescents, beaucoup plus souvent vécu par les enfants des catégories populaires. Jeunes adolescents de 14 et 15 ans, ils vivent alors l'expérience saisissante du déclassement dans une société du classement, de la réussite et de l'injonction à l'épanouissement individuel. On leur a vendu un horizon de vie équivalent à celui des autres, et les portes se sont refermées, les envoyant dans un futur qu'ils n'ont pas choisi. C'est aussi le début de la désillusion et de l'amertume pour leurs parents qui, eux aussi, y croyaient, et qui pour la plupart ont tout fait pour cela.

Comme l'ont bien montré les sociologues François Dubet, Marie Duru-Bellat et Antoine Vérétout, l'école dispose d'une « emprise » dont les effets sont délétères. « Quand les élèves et leurs familles savent que leur avenir social se détermine à l'école, ils doivent tout faire pour optimiser leurs chances et, ce faisant, ils accentuent la concurrence qui se joue entre eux, entre les filières et les établissements [...]. Chacun a intérêt à se démarquer de “la masse” et ce sont les familles les plus favorisées qui tirent le mieux leur épingle du jeu[1] », écrivent-ils. La lutte des classes est enclenchée dans la classe. Malheur au perdant.

Comme pour la dynamique des revenus, au fond, les inégalités à l'école comptent moins que la marque

1. François Dubet, Marie Duru-Bellat et Antoine Vérétout, *Les Sociétés et leur école*, *op. cit.*, p. 187.

qu'elles laissent à long terme sur le destin des individus du fait de la croyance, au sein du monde professionnel, public comme privé, dans la valeur du titre scolaire. Cette méritocratie illusoire sanctionne pour partie des inégalités sociales[1]. Ce phénomène est renforcé par la faiblesse des dispositifs qui permettent de se sortir d'un échec : les passerelles entre les formations, la « deuxième chance » dans le parcours scolaire.

Au bout du compte, dans une société où la croyance dans la valeur des diplômes est démesurée, les inégalités sociales, fondées sur des réussites ou des échecs individuels, ont une tout autre puissance. Nous touchons du doigt une transformation sociale majeure, qui structure les sociétés contemporaines. Deux effets, de sens contraire, jouent. L'élévation du niveau scolaire émancipe, donne des armes aux personnes formées pour mieux défendre leurs intérêts, lutter contre les inégalités dont elles sont victimes. Les années 1960 à 1980 auront été les Trente Glorieuses de la scolarisation en France qui rattrape alors une partie de son retard sur ses voisins. Elles ont permis à une partie des classes populaires d'élever considérablement leur niveau de qualification[2].

Les inégalités se déplaçant vers le haut, ces nouveaux diplômes constituent, on l'a vu, en partie un mirage pour les moins favorisés. Surtout, ces titres légitiment

1. David Guilbaud, L'*Illusion méritocratique*, *op. cit.*

2. Cette transformation est particulièrement bien documentée dans Louis Chauvel, *Le Destin des générations. Structure sociale et cohortes en France au XXe siècle*, *op. cit.* En réalité, il y a deux grandes vagues, pour les générations nées de la fin des années 1930 à la fin des années 1940, puis pour les générations nées de la fin des années 1960 à la fin des années 1970.

mieux que la réussite économique les écarts de position sociale. L'État vous délivre un titre censé sanctionner le pur produit de votre mérite personnel si ce n'est « l'intelligence ». À niveau de vie équivalent, un énarque jouit d'une position sociale bien supérieure à celui qui a fait fortune en montant un commerce. Malheur à celui qui a échoué à décrocher ce fameux titre : il se trouve renvoyé à ses incapacités intellectuelles ou à son manque d'efforts. Les inégalités sont « validées » par l'école, elles ne sont pas forcément plus grandes, mais disposent d'une solidité bien plus forte. L'accès à l'école a été ouvert, mais, en quelque sorte, de nouveaux ordres ont été créés, avec une séparation très nette entre les diplômés du supérieur et les autres. La tension monte entre d'un côté des masses mieux formées et ceux qui disposent d'un diplôme.

Conservatismes

Quel est le problème, au fond ? C'est la façon même dont l'école française fonctionne qui est en cause, qui, en insistant sur les échecs plutôt qu'en valorisant les efforts, par la mise en avant d'une poignée d'élèves plutôt que la réussite de tous, joue en défaveur des catégories les moins manties. Les enfants de diplômés maîtrisent les règles du jeu implicite de l'école française[1]. 90 % des enfants d'enseignants obtiennent le bac, 2 fois plus que les enfants d'ouvriers non qualifiés. Ces

1. Sur le sujet, lire notamment Joanie Cayouette-Remblière, *L'École qui classe. 530 élèves du primaire au bac*, PUF, 2016.

derniers sont-ils moins « méritants », moins « intelligents » ? L'orientation des jeunes reste un parcours dans lequel les familles maîtrisant les arcanes des filières disposent d'informations que n'ont pas la masse des autres parents d'élèves. Notre système cultive le « délit d'initié » social.

Nous avons fait « entrer l'école de masse dans la pédagogie et la culture d'une école républicaine figée dans l'image d'un âge d'or [...], les dispositifs se multiplient sans que rien change vraiment dans la classe[1] », analysent François Dubet et Marie Duru-Bellat. Les lobbys du conservatisme scolaire, organisés dans différents collectifs de gauche et de droite[2], savent faire entendre leur voix et empêcher toute réforme scolaire qui modifie la manière d'organiser l'école et d'enseigner. Nombreux sont ceux qui, parmi les couches favorisées, ne partagent pas le fond intellectuel de ces mouvements conservateurs très médiatisés. Il n'en demeure pas moins qu'ils les gênent bien moins que les réactions conservatrices aux évolutions culturelles concernant l'organisation de la famille, par exemple.

Comme le disent les sociologues, les vainqueurs de la sélection scolaire forment une nouvelle classe, « dont les indignations morales et culturelles s'accommodent souvent fort bien de la défense farouche de leurs intérêts[3] ». La bourgeoisie économique n'a pas tant de souci : elle

1. François Dubet et Marie Duru-Bellat, *L'école peut-elle sauver la démocratie ? op. cit.*, p. 79.

2. De « Sauver les lettres » à « SOS éducation » en passant par la Conférence des grandes écoles.

3. François Dubet et Marie Duru-Bellat, *L'école peut-elle sauver la démocratie ?, op. cit.*, p. 201.

célèbre la loi du plus fort et elle achète la réussite scolaire de ses enfants en finançant des études supérieures privées, en France ou à l'étranger. Mais une partie de la bourgeoisie intellectuelle fait preuve d'hypocrisie quand, tout en s'offusquant de la « mondialisation capitaliste », elle profite d'un système de compétition scolaire individualiste qui fonctionne comme un marché. Altermondialisme et conservatisme scolaire se marient très bien. Il existe comme une contradiction au sein de la bourgeoisie intellectuelle.

7

Le travail à la peine

Le « mal-emploi » qui fracture la société française frappe d'abord une France peu qualifiée, celle qui a raté le train de l'école que nous venons d'évoquer. La France qui n'a pas réussi scolairement est celle qui se trouve aux premières loges de ce que l'on peut appeler le « mal-emploi » du fait du ralentissement de la croissance à partir des années 1970. Pas seulement du fait du chômage, mais aussi de la précarité des statuts et des très bas salaires. Dans un contexte de manque structurel d'emploi une file d'attente se forme et cette France-là se retrouve reléguée à la fin.

Cette France flexible doit se soumettre en souriant au bon vouloir des stables, qu'il s'agisse du patron, du sous-chef ou du client. Elle est de plus en plus souvent notée pour cela. Alors qu'elle est de mieux en mieux formée, elle doit se contenter de courber l'échine. C'est aussi une population qui travaille dans des conditions particulièrement pénibles, qui usent les corps.

La marque du chômage

Le ralentissement économique a frappé à la porte il y a bientôt un demi-siècle, au milieu des années 1970. Après trente années de gloire, la croissance s'affaisse. Elle n'a quasiment jamais repris depuis, sauf entre 1997 et 2001. Le taux de chômage qui était de l'ordre de 3 % au début des années 1970 grimpe et ne s'arrêtera quasiment plus jusqu'à la fin des années 1980, où il atteint 9 %. C'est à ce moment que le statut de l'emploi commence à être grignoté et que la précarité progresse. Entre 1985 et 2000, le taux d'emplois précaires[1] des jeunes grimpe de 20 % à près de 50 %.

Nous payons une transformation sociale qui s'est amorcée il y a déjà un demi-siècle, devant lequel les pouvoirs publics sont demeurés largement impuissants, quand ils n'ont pas aggravé les choses. La « crise » est devenue tellement durable qu'elle s'est transformée en changement de régime du marché du travail, dans un nouvel équilibre. Le manque d'emploi s'est enkysté. Et encore, cette photographie du chômage est réductrice. Elle montre ce qui se passe à un moment donné et elle occulte le film des vies, les parcours de chacun. Quelques dizaines de millions de salariés sont passés au moins une fois dans leur vie professionnelle par la case Pôle Emploi depuis les années 1980, en subissant le plus souvent très lourdement les conséquences.

Une indemnisation souvent dérisoire des demandeurs d'emploi entraîne de lourdes pertes de niveau

1. Contrats à durée déterminée, intérim et apprentissage rapportés à l'emploi total.

de vie. 30 % des chômeurs ne perçoivent aucune indemnisation et 42 % touchent un maximum de 500 euros par mois, selon nos calculs réalisés au sein du Centre d'observation de la société[1]. Les deux tiers gagnent donc moins que le smic et ne s'en sortent qu'avec le soutien d'autres allocations (familiales notamment) ou de proches. L'accusation selon laquelle le régime d'indemnisation incite les chômeurs à rester chez eux constitue une manière pour les plus favorisés de se donner bonne conscience : s'ils n'ont pas d'emploi, nous n'en sommes pas responsables, c'est qu'ils le veulent bien.

Mal indemnisés, certains chômeurs sont aussi déclassés : 30 % des chômeurs qui ont retrouvé un emploi ont dû accepter un poste avec un salaire inférieur pour réintégrer le marché du travail, indique l'Insee[2]. Plus les demandeurs d'emploi sont âgés, plus l'impact est grand : 24 % des moins de 24 ans ont vu leur salaire baisser, contre 31 % des 50-64 ans.

Alors que les plus favorisés reprennent pied le plus souvent sans grande difficulté, les moins qualifiés, les plus âgés s'enlisent. On appelle « chômeurs » des personnes dont les situations n'ont rien à voir. Quoi de commun en effet entre celui qui passe par la case Pôle Emploi quelques semaines en attendant de retrouver rapidement un autre poste et celui qui est éjecté du monde du travail et qui commence à couler socialement à force de non-réponses à ses candidatures ?

---

1. « 40 % des chômeurs touchent moins de 500 euros par mois », Centre d'observation de la société, version du 25 février 2019.

2. « Quitter le chômage. Un retour à l'emploi plus difficile pour les seniors », Insee, « Insee Première », n° 1661, juin 2017.

La durée moyenne passée au chômage devrait au moins autant inquiéter que le nombre de chômeurs. Une fois au chômage, on y passe en moyenne quinze mois, selon les données très restrictives de l'Insee, car une heure de travail suffit pour ne plus être considéré comme sans emploi. La durée moyenne atteint près de deux ans pour les plus de 50 ans, contre neuf mois pour les 15-29 ans (données Insee 2018). 40 % des chômeurs de plus de deux ans d'ancienneté avaient en 2018 au mieux le niveau de fin de troisième, 10 % au minimum une licence.

Une statistique peu diffusée devrait elle aussi attirer l'attention : entre 2010 et 2020, le nombre de demandeurs d'emploi inscrits depuis plus de trois ans sur les listes de Pôle Emploi a été multiplié par plus que 3, passant de 300 000 à 1 million de personnes. Et encore, ces données ne prennent pas en compte l'impact de la crise économique qui suit la crise sanitaire liée à la Covid-19.

Stables et instables

Le développement des emplois précaires constitue l'un des changements sociaux les plus profonds des dernières décennies. Elle sépare le monde des stables et des instables. Comme l'a montré Claude Picart, de l'Insee : « Le fonctionnement du marché du travail tend à s'éloigner d'un modèle de file d'attente, où les emplois instables sont des tremplins vers l'emploi stable, pour se rapprocher d'un modèle segmenté, où les emplois stables et instables forment deux mondes séparés, les emplois instables constituant une “trappe” pour ceux qui les occupent[1]. » Une étude du ministère de l'Économie indique que la précarité augmente peu mais que ceux qui sont précaires le sont encore plus qu'avant : ils « tournent » sur des postes de plus en plus courts. En langage d'économiste, on dit que la « rotation » des emplois précaires s'accélère. Pour preuve, entre 2000 et 2017, la durée moyenne des CDD arrivés à terme a été divisée par 3, passant de cent vingt à quarante jours. La part des CDD de moins d'un mois dans les CDD arrivés à terme est passée de 55 % à 85 %[2]. Et notre pays est en avance dans ce domaine : « La France apparaît comme le premier pays utilisateur des contrats de moins d'un mois en Europe, même si leur nombre est sans doute sous-estimé dans d'autres pays », indiquent les auteurs du document du ministère de l'Économie cité en note.

La précarité constitue un piège qui se referme sur le salarié, comme le confirme une autre étude de l'Insee qui mesure avec précision les trajectoires professionnelles. « Au total, l'ensemble des différences de parcours selon le type de contrat en 2008 [jusque 2015] accrédite la thèse d'un effet de "trappe à précarité", qui empêcherait une partie des salariés employés en contrat à durée limité, comparés à ceux initialement en CDI, de nouer une relation d'emploi stable avec un employeur, et

1. Claude Picart, « Une rotation de la main-d'œuvre presque quintuplée en 30 ans : plus qu'un essor des formes particulières d'emploi, un profond changement de leur usage », Insee Références, Emploi et salaires, Insee, 2014.

2. « Le développement des contrats de très courte durée en France », *Trésor-éco*, n° 238, ministère de l'Économie et des Finances, avril 2019. Voir aussi « CDD, CDI : comment évoluent les embauches et les ruptures depuis 25 ans ? », *DARES analyses*, n° 26, ministère du Travail, juin 2018.

même de s'insérer sur le marché du travail[1] ». C'est le ministère de l'Économie qui le dit.

Jusqu'au début des années 1980, les plus diplômés étaient ceux qui changeaient le plus d'entreprises, volontairement, pour progresser dans leur carrière. Désormais, les moins qualifiés sont touchés par une mobilité subie. Après les professionnels des arts et du spectacle, les taux de rotation sont maximums pour les ouvriers non qualifiés de la manutention, les cuisiniers et les ouvriers qualifiés du gros œuvre du bâtiment.

L'ampleur du mal-emploi

Pour mesurer l'ampleur globale de la dégradation du marché du travail, nous avons, avec l'Observatoire des inégalités, mesuré ce que nous nommons le « mal-emploi », en référence au travail sur le « mal-logement », réalisé chaque année par la Fondation Abbé-Pierre. L'étendue des dégâts n'avait jamais été évaluée de cette manière.

De quoi se compose-t-il ? En 2019, on comptait 2,7 millions de chômeurs, selon l'Insee[2]. Pas moins de 3,6 millions de travailleurs étaient employés sous statut précaire : 2,5 millions de contrats à durée déterminée, 700 000 intérimaires et 400 000 apprentis. Enfin, 1,6 million de per-

1. Odran Bonnet, Simon Georges-Kot et Pierre Pora, « Les contrats à durée limitée : trappes à précarité ou tremplin pour une carrière ? », Emploi, chômage, revenus du travail, édition 2019, Insee, « Insee Références », juillet 2019.

2. Dernière année pour laquelle nous pouvons établir un calcul global.

sonnes étaient découragées ou indisponibles sur-le-champ pour travailler, mais disaient souhaiter travailler quand l'Insee leur a posé la question. Ces derniers constituent une partie de la population qui a baissé les bras du fait du nombre d'échecs subis suite à ces candidatures, des conditions d'emploi (bas salaires, temps partiel, précarité), ou parce que c'est matériellement difficile (par exemple quand on doit faire garder ses enfants). Au total, quelque 8 millions de personnes se trouvent en situation de mal-emploi, l'équivalent d'environ un quart des actifs[1]. Ce niveau est assez semblable à celui signalé par l'économiste anglais Guy Standing[2] à partir d'une définition plus large mais pour qui la précarité de l'emploi est centrale, qu'il qualifie de « précariat ». Il n'a rien à voir avec le prolétariat du XIXe siècle, mais constitue bien une population qui n'a pas accès aux normes sociales en vigueur au XXIe siècle.

Bien sûr, certains jeunes encore hésitants sur leur avenir – surtout des diplômés – choisissent le contrat à durée déterminée, qu'ils préfèrent à un engagement de long terme. L'apprenti est en contrat limité, mais il bénéficie d'une formation. Parmi les « découragés », certains ne sont pas disponibles pour travailler parce qu'ils sont atteints de maladies durables qui les empêchent de reprendre un emploi. À l'inverse, on pourrait signaler que 25 % de personnes « mal employées » ne font pas 75 % de « bien employés ». La liste est longue de ceux qui ne figurent pas dans notre addition alors qu'ils le devraient. Nous faisons ainsi comme si les salariés en

1. On considère comme « actif » toute personne qui travaille ou recherche un emploi.

2. Guy Standing, *Le Précariat. Les dangers d'une nouvelle classe*, Les Éditions de l'Opportun, 2017.

contrat à durée indéterminée étaient stables. Une enquête du ministère du Travail de 2013 indiquait qu'un quart déclaraient avoir peur de perdre leur emploi. L'évolution du droit du travail a rendu possible le licenciement rapide et à peu de frais. Pour éviter de compter deux fois certaines personnes (on peut être en CDD et à temps partiel), nous n'avons pas pris en compte les salariés en temps partiel subi qui n'ont que des morceaux d'emploi. Or, 30 % des personnes en temps partiel, environ 1,5 million de personnes, souhaiteraient travailler davantage. Un monde très largement féminin. Caissières, vendeuses, femmes de ménage : dans leur immense majorité, il s'agit d'employées au smic partiel pour quelques heures ici ou là. Elles constituent donc le gros bataillon des travailleurs pauvres. Enfin, faute d'enquête sur le sujet, notre total n'inclut pas non plus les indépendants qui vivotent dans la plus grande précarité en enchaînant les heures de travail sous-payées (voir p. 73).

La France qui perd pied sur le marché du travail reste minoritaire. Un bon nombre de discours qui exagèrent la précarisation du travail servent une position victimaire. « La crise, la crise, la crise » : à force, les catégories touchées sont diluées dans un ensemble plus large et elles finissent par disparaître des radars, exactement comme on le fait avec les revenus ou l'école. Tous les indicateurs du marché du travail disent la même chose. La France qui trinque est celle qui n'a pas eu accès aux diplômes. 5 % des bac+2 ou plus sont au chômage, c'est 3 fois moins que ceux qui ont au mieux le brevet des collèges (données Insee 2019). Cinq années après leur entrée dans la vie active,

40 % des jeunes non diplômés sont en emploi précaire, contre 12 % des diplômés du supérieur (données Insee 2018). On pourrait allonger de beaucoup la liste des indicateurs qui décrivent la claque prise en bas de l'échelle scolaire.

La flexibilité, une manifestation de l'insécurité

Chômage et précarité sont au cœur d'un processus plus large qui porte aussi sur les conditions d'emploi, l'organisation du travail, les salaires et bien d'autres éléments. Le travail est devenu plus flexible, ce qui pèse sur les horizons de vie. Les louanges de cette « souplesse » ont été chantées par les plus libéraux comme par la gauche dite « moderne ». Elle est bien résumée par les propos de Thierry Pech, directeur du "think tank" Terra Nova et Gilles Finchelstein, de la Fondation Jean-Jaurès, dans une tribune intitulée : « Cessons de dramatiser le travail du dimanche » : « [La] société française d'aujourd'hui n'est certainement pas prête à accepter que la puissance publique, comme l'Église hier, règle pour tous les horloges du travail et du repos[1]. » La messe est dite, si l'on peut s'exprimer ainsi : pour les néomodernes, il faut vivre avec son temps. « Chacun est libre » de vaquer à son travail au moment où il veut : c'est « la réalité sociale » car « la société a changé ». « Les temps sociaux se sont [...] désinstitutionnalisés. » Mais au profit de qui ? Qui sont les couples

1. *Le Monde*, 16 décembre 2014.

qui prennent plaisir à ne se croiser que quelques heures le week-end ? Quels parents s'en vont travailler le dimanche matin de bonne humeur quand ils pourraient passer la journée avec leurs enfants ?

La France flexible travaille à contretemps. Elle embauche le soir pour faire ses heures la nuit. Un quart des ouvriers qualifiés travaillent pendant que d'autres dorment, 2 fois plus que les cadres (données du ministère du Travail 2016). Le dimanche, la France ne va plus à la messe mais chez IKEA pour satisfaire son désir de consommer. Au milieu des années 1970, 12 % déclaraient avoir travaillé le dimanche ; en 2016, le chiffre a grimpé à 28 %. Quand les plus favorisés vont faire leurs courses, ceux de la France qui travaille sont derrière la caisse ou rangent les rayons, préparent les commandes dans l'entrepôt. Près de la moitié des employés de commerce (très souvent des femmes) sont concernés par le travail dominical, contre 27 % des cadres. On compare des choux et des carottes : il n'y a rien de commun entre un cadre qui relit un dossier le dimanche soir sur son canapé et une aide-soignante qui lave le corps des malades à l'hôpital. Au passage, le travail du dimanche et de nuit concerne toute une partie des services publics, qui ne s'arrêtent pas pour assurer la sécurité du quotidien et la santé.

La France flexible travaille en horaires alternés par équipe (8 % de l'ensemble des salariés) ou avec des horaires variables selon les jours, fixés par l'entreprise (19 %). Elle ne dispose pas de quarante-huit heures de repos hebdomadaire par semaine (15 %), ses horaires sont morcelés. Deux heures le matin, une heure l'après-midi, une autre le soir. Une coupure souvent associée au temps partiel qui, entre le travail et les transports, fait que quatre heures payées dans la journée ne permettent pas de disposer d'un temps pour soi, pour le repos, la famille ou les loisirs. Une partie ne connaît pas ses horaires d'une semaine sur l'autre – par exemple dans la grande distribution – et ne peut donc avoir aucune activité régulière.

Sans doute la France favorisée n'échappe-t-elle pas à l'emprise de cette évolution du travail. Cette vague de flexibilité touche une partie des cadres du public comme du privé à qui l'on fixe des objectifs qu'ils ne peuvent tenir qu'en étant surchargés de travail et en laissant le travail déborder sur leur vie privée. Mais cette situation est bien plus médiatisée que le travail de nuit ou désynchronisé des ouvriers et employés. Dans tous les cas, elle s'accompagne en contrepartie de rémunérations sans commune mesure.

Pour que ceux qui en ont les moyens puissent jouir de la société de consommation, il faut une armée de flexibles. Elle doit répondre à ses besoins quand ils veulent, où ils veulent, sur un simple signe envoyé d'un smartphone. Les plus jeunes adultes arrivent à en supporter les conséquences pour une période temporaire en se disant que cela va passer, que des jours meilleurs sont devant eux. Cela devient proprement intenable quand ce travail soumis s'installe dans la durée à l'âge adulte. L'« équipier » du fast-food de 40 ans n'a pas le même horizon que celui de 20 ans. Les conséquences sont considérables sur la vie de famille, et ont un impact sur la santé. Travailler de nuit impose d'alterner les rythmes de vie, notamment durant les congés, contraires à notre horloge biologique. Selon le ministère du Travail, avoir travaillé quinze ans ou plus de nuit augmenterait de 50 % le risque d'être limité par un handicap dans ses activités quotidiennes[1]. 43 % des salariés qui travaillent de nuit estiment qu'ils ne tiendront pas de tels horaires jusqu'à 60 ans.

Cette France flexible est, pour une grande part, celle qui est restée en poste à la caisse ou dans les couloirs des hôpitaux pendant la période de confinement du printemps 2020. Celle qui a assuré la continuité de la vie dans notre société – notamment dans les commerces alimentaires mais aussi toute une partie des services publics de santé, de police, etc. –, alors que d'autres avaient plié bagage pour leur résidence secondaire, étaient payés en chômage partiel ou s'étaient bien installés en télétravail. Célébrée par le président de la République, son dévouement a vite été oublié. Elle n'en a tiré que la reconnaissance symbolique des applaudissements à 20 heures alors qu'elle aspire à des éléments plus concrets.

Ceux qui maîtrisent le mieux leur temps – disons les cadres supérieurs du public comme du privé et les non-salariés les plus qualifiés – occupent les emplois les moins pénibles et disposent des revenus pour en profiter. Ils n'ont aucun intérêt à mettre la question de la flexibilité des temps et de sa maîtrise sur la table. Protégés par leur statut, leur activité ou leur diplôme, ils ferment les yeux sur l'armée des flexibles qui font tourner l'économie en décalé et exercent les tâches les plus

1. Élisabeth Algava, « Le travail de nuit en 2012 », *DARES analyses*, n° 62, ministère du Travail, août 2014.

ingrates, à la maison comme dans l'entreprise ou les services publics.

Inégaux à la retraite

Dans le rythme des temps, celui passé à la retraite compte beaucoup. Seuls une poignée d'irréductibles – journalistes, artistes, savants ou hommes politiques – n'arrivent pas à décrocher tant ils s'épanouissent au travail. Les cadres ont tendance à cesser leur activité un peu plus tard que les autres, mais ils ont aussi commencé bien plus tard et disposent d'une espérance de vie supérieure. Du fait d'emplois moins pénibles physiquement, ils vivent en moyenne six années de plus que les ouvriers. Le ministère des Solidarités a calculé une espérance de durée de retraite. Chez les hommes, les cadres disposeraient de 22,7 années, contre 19,9 années pour les ouvriers[1]. Chez les femmes, les cadres auraient une espérance de retraite de 28,5 années, contre 25,6 pour les ouvrières (données 2008). L'inégalité est majeure : les cadres peuvent profiter de la vie trois ans de plus que les ouvriers, une fois la période du travail terminée. Réparti sur l'ensemble de la vie active, cela représente presque un mois de congé par an. Cet écart se double d'une inégalité selon les sexes, pour une fois profitable aux femmes, de l'ordre de cinq années.

1. « Espérance de vie, durée passée à la retraite », Drees, *Dossiers Solidarité et santé*, n° 40, ministère de la Santé, juin 2013.

La France qui peine

La France populaire est aussi celle qui se lève le plus tôt et travaille le plus durement. La pénibilité physique au travail concerne essentiellement les moins qualifiés. Un tiers de l'ensemble des salariés déclare subir au moins trois contraintes physiques (par exemple rester longtemps debout, dans une posture pénible ou porter des charges lourdes), mais les deux tiers des ouvriers non qualifiés sont dans ce cas, et 6 % des cadres (données 2016 ministère du Travail). Travailler dur, c'est faire souffrir son corps. 1 salarié sur 10 déclare avoir eu au moins un accident du travail au cours de l'année, toujours selon le ministère du Travail. 4 fois plus d'ouvriers (qualifiés ou non) que de cadres supérieurs indiquent en avoir été victimes : ces derniers ne sont que 4 % dans ce cas, contre 16 % des ouvriers. Au travail, quand les uns prennent des risques qui peuvent faire perdre de l'argent à l'entreprise, les autres mettent leur corps en danger.

Les « inégalités environnementales » vues par les classes populaires, c'est manipuler des sacs de ciment ou de l'amiante, ce n'est pas de manger plus ou moins de bio, de respirer de l'air un peu plus sain dans les rues. Ces inégalités, elles les subissent directement et durement au quotidien même si ce n'est pas de cela qu'on s'inquiète le plus souvent quand on débat du sujet dans la bourgeoisie intellectuelle. 60 % des ouvriers exercent leur métier dans la saleté (poussières, fumées), contre à peine 1 cadre supérieur sur 10. Pas moins de 30 % des ouvriers sont exposés à des produits chimiques cancérogènes (benzène, silice, amiante, etc.) au travail, contre 2 % des cadres selon une autre enquête du ministère du Travail (données 2017). Le secteur de la construction est le plus concerné : 31 % des salariés (en majorité des hommes) qui y travaillent sont exposés à des produits cancérogènes, contre 7 % de ceux qui sont employés dans le tertiaire.

Le travail moderne est à des années-lumière du portrait qu'on en dresse le plus souvent. Quand les uns se plaignent des conséquences de leur écran de télétravail, les autres désossent des carcasses d'animaux, pédalent des heures durant pour livrer des repas, voient leurs gestes commandés chaque minute par la cadence d'une machine. Les pénibilités persistent, se déplacent, changent de nature. Caissières, vendeuses, aides-soignantes : de plus en plus, ce sont les femmes qui subissent le travail pénible du fait du développement de l'emploi non qualifié féminin. 61 % des aides-soignantes sont exposées à une contrainte physique intense selon des données 2010 du ministère du Travail. C'est aussi le cas de 80 % des coiffeuses, de 69 % des caissières et 61 % des aides à domicile.

Les exécutants sont de plus en plus souvent des exécutantes

Le travailleur à la chaîne des grandes industries est resté dans l'imaginaire, mais aujourd'hui l'emploi peu qualifié est désormais féminin à 60 %. Les trois quarts des emplois non qualifiés sont aujourd'hui des emplois de service. 36 % des non-qualifiés travaillent dans le secteur du nettoyage, 16 % dans celui du personnel direct aux particuliers, 14 % sont employés du commerce et 6 % employés d'autres services. Un gros quart seulement est formé des ouvriers de l'industrie, du bâtiment ou de l'artisanat. 70 % des travailleurs ont au plus un diplôme de fin de troisième. Le non-qualifié est souvent une non-qualifiée. Son symbole, c'est la femme de ménage. Une étude du ministère du Travail[1] sur le secteur du nettoyage décrit dans le détail l'univers moderne du travail à la peine, féminin à 80 %. Dans ce secteur, 7 employés sur 10 exercent un travail répétitif, 61 % sont exposés à des risques chimiques. Les trois quarts ont ressenti des douleurs les douze derniers mois (2016). 29 % des salariés du nettoyage en entreprise se sentent ignorés, 2 fois plus que la moyenne nationale : « des métiers de repli » qui offrent « peu de perspective d'évolution », lit-on dans l'étude du ministère du Travail.

1. Aurore Desjonquères, « Les métiers du nettoyage : quels types d'emploi, quelles conditions de travail ? », *DARES analyses*, n° 43, ministère du Travail, septembre 2019.

8

L'insécurité sociale

Le travail est devenu plus flexible, par le statut et les emplois du temps. Il use les corps par des conditions d'emploi difficiles. Mais la dégradation du travail est encore plus profonde que cela. L'après-Seconde Guerre mondiale est marquée par l'essor d'une société de services. En 1967, en France, ils représentent déjà la moitié des emplois. Pour partie, et progressivement, les emplois de services deviennent des emplois de serviteurs « low cost ». L'expression est exagérée, mais il s'agit de comprendre que les classes favorisées n'ont pas seulement besoin que la main-d'œuvre soit flexible, travaille dur et de manière désynchronisée, en s'adaptant en permanence aux évolutions de la demande. Il faut que le travail soit réalisé à faible coût et que cette main-d'œuvre lui soit soumise.

Depuis quarante ans, on a assisté à la montée d'une insécurité sociale, en grande partie liée à l'insécurité au travail, qui frappe de plein fouet les moins qualifiés. Le monde des flexibles et celui des stables se côtoient, les uns regardant les autres avec envie. S'ajoute un fort élément de frustration : l'élévation du niveau de diplôme a été plus rapide que celui de la qualification des emplois, ce qui entraîne le déclassement d'une partie des nouvelles générations. Le fait d'être diplômé mais mal rémunéré et peu autonome dans l'emploi nourrit le ressentiment.

Le travail à bas prix

Pour que la France qui vit bien puisse consommer des services, le coût du travail doit être le plus faible possible. Le salaire de celui qui rend le service doit être très nettement en dessous de celui de la personne qui l'achète. Par exemple, employer une femme de ménage à domicile a peu de sens si elle coûte autant que ce que l'on gagne. Qui ferait le ménage si les salaires étaient moins inégaux[1] ? Dans les pays où les inégalités sont moindres, comme dans le nord de l'Europe, ce type d'emplois est beaucoup moins fréquent. Se faire livrer un burger à domicile est trop coûteux si celui qui pédale ne le fait pas pour une misère. La marche de l'économie des serviteurs est fondée sur les inégalités de revenus.

La baisse du prix du travail dans les services se heurte à l'existence d'un salaire minimum, le smic. Au milieu des années 1960, il était tombé à l'équivalent d'un tiers du salaire moyen. Il a été fortement revalorisé dans les années 1970 à la suite des événements de

1. Au passage, c'est une manière d'atténuer les inégalités domestiques entre femmes et hommes dans la France favorisée.

Mai 1968, pour s'établir à environ la moitié. Depuis trente-cinq ans, il est stabilisé à ce niveau[1]. Beaucoup voudraient faire sauter ce verrou, en particulier en réduisant le salaire minimum pour les jeunes, comme la tentative fut faite dès 1994 par le gouvernement Balladur avec le « contrat d'insertion professionnelle » (80 % du smic) destiné aux moins de 26 ans et abandonné sous la pression des manifestations de jeunes. L'opération renouvelée en 2006 par le gouvernement de Villepin avec le « contrat première embauche » a abouti à la même opposition et au même résultat, son abandon.

L'opposition au smic ne désarme pas, même si elle s'affiche moins frontalement. La solution préconisée chaque année par le « groupe d'experts » présidé par l'économiste Gilbert Cette et chargé de remettre chaque année un rapport au gouvernement est de faire mourir le smic de mort lente en « supprimant tout ou partie des termes de revalorisation automatique[2] ». Si on l'augmente moins que les prix, son pouvoir d'achat décline progressivement : officiellement, il vaudra autant, en réalité il ne permettra plus de vivre correctement. Actuellement, il progresse en fonction de l'inflation et du salaire de base ouvrier, ce qui permet sa stabilisation. Mais personne ne songe à lui donner un coup de pouce supplémentaire depuis la fin des années 2000, sauf une misère de 0,4 % en 2012. La gauche revenue au pouvoir n'a pas trouvé cela nécessaire.

1. Louis Maurin, « Salaire minimum et salaire moyen : un écart stable depuis 35 ans », Observatoire des inégalités, version du 1er janvier 2020.

2. « Salaire minimum interprofessionnel de croissance », rapport du groupe d'experts remis au gouvernement, 28 novembre 2019.

Encore plus directement, la France subventionne en masse les emplois domestiques depuis trente ans. Si l'on ne compte pas les assistantes maternelles, plus de 1 million de personnes sont ainsi employées, soit 5 % de l'emploi total. La collectivité prend en charge la moitié du coût d'une femme de ménage pour un gain pouvant atteindre 6 000 euros par an pour un particulier. Comme l'ont montré Clément Carbonnier et Nathalie Morel[1], notre pays a mis en place un dispositif qui finance le ménage des classes aisées par le biais de réductions d'impôt sur le revenu et de baisses des cotisations. Cette politique de « subvention au confort des plus aisés », comme le notent les auteurs, marque un inquiétant « retour de la domesticité » – pour reprendre leur expression – payé par le contribuable. Ils montrent comment ce soutien se fait à un coût finalement supérieur à ce qui aurait été obtenu si la collectivité avait subventionné directement des emplois d'aide aux personnes âgées ou la petite enfance notamment, soit en les employant soit en passant par des associations ou des entreprises agrées.

Soumission

Il reste une dernière touche pour compléter notre tableau. Le travail doit être flexible, peu cher, mais aussi soumis. Le degré de satisfaction du consommateur de

1. Clément Carbonnier et Nathalie Morel, *Le Retour des domestiques*, « La République des idées », Éditions du Seuil, 2019. Voir aussi François-Xavier Devetter, Florence Jany-Catrice et Thierry Ribault, *Les Services à la personne*, La Découverte, « Repères », 2009.

services dépend du niveau de cette soumission. Il faut développer l'« hétéronomie » du travail : le fait qu'il soit régi par des règles imposées de l'extérieur à la personne qui l'exerce. Il n'y a là rien de nouveau, c'est surtout à partir du début du XXe siècle qu'on a rationalisé le travail (le taylorisme, du nom de l'ingénieur américain qui en est à l'origine). Celui-ci est loin d'être mort puisque la moitié des ouvriers, qualifiés ou non, ne peuvent faire varier le rythme du travail auxquels ils sont soumis (données du ministère du Travail 2016). Un cinquième des ouvriers voient leur travail dépendre de la cadence d'une machine ou du déplacement automatique d'un produit ou d'une pièce, soit 3,2 fois plus qu'en 1984[1].

De la même façon que les heures du travail du dimanche ne sont pas les mêmes, les heures de travail ne se valent pas. L'heure enchaînée à la machine, rythmée par elle, n'a rien à voir avec celle du travail de bureau. Aux inégalités de rémunérations s'ajoutent des écarts dans la contrainte endurée par celui qui travaille. Le minutage de l'activité s'étend de plus en plus dans le secteur des services, par exemple au sein des centres d'appels téléphoniques. On met alors sur le même plan des activités dont la pénibilité n'a rien de commun.

Le processus de taylorisation ne s'est jamais arrêté[2], mais le contrôle des exécutants est de plus en plus fin. Le travailleur est soumis aux règles de l'organisation du travail qui vise à élever le plus possible la productivité. Le changement réside dans l'élargissement du système

---

1. « Contraintes physiques et intensité au travail », *Synthèse stat'*, Dares-ministère du Travail, n° 24, février 2019.

2. Guillaume Duval, *L'Entreprise efficace à l'heure de Swatch et McDonald's*, Syros, 1998.

de contrôle et son déplacement partiel de la hiérarchie vers le client. De plus en plus, dans les services, le travailleur à la tâche est aussi évalué par le consommateur, ce qui permet de le soumettre encore plus directement. « En une quarantaine d'années, l'individualisation, la globalisation puis la numérisation ont largement transformé la France en une société "orientée client". Le client n'est pas seulement roi, il impose son empire à la France, analyse Denis Maillard. [Cette] mutation silencieuse n'est pas sans conséquence sur la redistribution des rôles sociaux et la manière de vivre son travail, selon que l'on se sente appartenir au *back office* de la société de services ou à son *front office* ; selon que l'on se tienne dans l'invisibilité du travail contraint au service des autres ou dans la lumière du travail visible et reconnu comme tel[1]. »

Le cas des livreurs illustre bien les nouvelles formes de contrôle du travail. « Bienvenue dans le monde sans pitié des coursiers, où, du fait de leur statut d'indépendant, ils ne bénéficient ni du droit au chômage ni de couverture santé, et doivent multiplier les heures et rester flexibles pour espérer dégager des revenus décents[2] », raconte le journaliste Philippe Euzen. Les coursiers sont mis en concurrence, et gare à celui qui descend au-dessous de la note de 4,5 sur 5, il risque d'être « désactivé », c'est le mot. De perdre son travail et ses revenus. Ce système de la notation est le pendant soft de la notation sociale des personnes qui se met en

1. Denis Maillard, « "Back office" contre "front office", quel rôle jouera le travail dans le vote au premier tour ? », Slate, 12 avril 2017.

2. Philippe Euzen, « Pédale ou crève : dans la peau d'un livreur à vélo », *Le Monde*, 26 mai 2017.

place en Chine pour s'assurer que les normes que le pouvoir édicte soient respectées. Mais alors que la méthode chinoise du contrôle social effraie, dans le cadre du travail elle ne dérange pas grand monde en Occident, sauf peut-être les enseignants ou les médecins qui, à raison, ne veulent pas non plus être notés mais ont les moyens de s'y opposer.

Ces nouveaux serviteurs, produits des nouvelles technologies qui permettent de mettre en place des plateformes, sont peut-être emblématiques du travail de demain mais demeurent pour l'heure très minoritaires. Les chauffeurs de VTC seraient environ 30 000, la société de livreurs à vélo Deliveroo disposerait d'un peu plus de 10 000 livreurs. Le contrôle de la productivité du travail n'est pas nouveau : les gestes des travailleurs à la chaîne sont minutés depuis l'origine de l'essor industriel au XIXe siècle.

Mais alors que les regards sont tournés vers les formes extrêmes et masculines de la servitude moderne, le ministère de l'Économie[1] montre que bien d'autres secteurs sont concernés. Le nouveau moteur du précariat d'exécution moderne est le secteur de l'hébergement médico-social et de l'action sociale, massivement féminisé et loin d'être toujours géré par de dangereux capitalistes. On y célèbre « l'action à la personne », le soin des autres mais pas pour les salariés (en fait, des salariées, le plus souvent) qui exercent dans des conditions d'emploi ultra-précaires et sont sous-payés. Entre 2010 et 2017, l'emploi salarié total a augmenté de 7 %

1. « Le développement des contrats de très courte durée en France », art. cité.

dans le secteur alors que le nombre d'embauches en CDD y a progressé de 114 %.

> Des femmes soumises aussi à la maison
>
> Le temps disponible pour soi dépend aussi du rythme du travail à la maison. L'inégalité entre hommes et femmes est majeure. Chaque jour, les femmes actives consacrent en moyenne 2 h 35 aux tâches domestiques, soit 1 h 30 de plus que les hommes actifs (données Insee datant malheureusement de 2010). Les ménages les plus aisés font prendre en charge une partie des tâches de la maison les plus ingrates – notamment le ménage – par du personnel à domicile. Pour les femmes de milieux populaires qui exercent à plein temps – notamment dans les métiers les plus pénibles –, l'accumulation des tâches professionnelles et domestiques est la plus difficile à vivre. Une pression supplémentaire qui est maximale pour les femmes seules avec des enfants. L'épisode du confinement a exacerbé cette tension dans les couples, avec des femmes à la fois davantage actives sur le marché du travail, de l'hypermarché à l'hôpital, et prenant encore en charge l'essentiel des tâches les moins valorisées à la maison.

La société des déclassés

Aux évolutions de l'emploi s'ajoute un autre phénomène : le déclassement des actifs. L'emploi qualifié a progressé moins vite que l'élévation du niveau de diplôme, on l'a dit. Les mêmes titres scolaires ne permettent pas d'accéder aux mêmes positions qu'hier : ils se dévaluent. L'effet est particulièrement net au niveau du bac[1]. En 1983, 11 % d'entre eux étaient ouvriers ou employés (parmi ceux qui avaient un emploi), selon l'Insee. Trente-cinq ans plus tard, en 2018, la proportion a grimpé à 39 %. Pour les détenteurs d'un bac+2, la part de ceux qui ont accédé à un poste de cadres ou professions intermédiaires a baissé de 76 % à 53 %. Relativement à la moyenne des diplômes, le bac de 2018 est l'équivalent du brevet de 1982, indique une étude de l'Insee[2].

Une partie des jeunes diplômés restent protégés de la crise, soit qu'ils disposent d'un titre « d'excellence », des grandes écoles, soit d'un diplôme menant à un poste qui correspond à des qualifications particulièrement recherchées sur le marché du travail. Mais celui-ci peine à absorber le flux des étudiants. « Cela ne signifie pas que, pour un individu, le rendement de l'éducation baisse et qu'il n'ait pas intérêt à poursuivre ses études. Mais pour obtenir la même situation relative par rapport à la moyenne, il faut étudier de plus en plus longtemps », analyse Claude Picart. Étudier plus longtemps, pour aller moins haut. Un phénomène de file d'attente se forme ainsi à l'entrée du monde du travail, où les moins qualifiés sont repoussés vers le bas. Les

1. « Des générations de plus en plus souvent déclassées », Centre d'observation de la société, version du 9 mars 2020. On mesure ici la situation des personnes sorties depuis un à quatre ans du système de formation.

2. Claude Picart, « Le non-emploi des peu ou pas diplômés en France et en Europe : un effet classement du diplôme », Emploi, chômage, revenus du travail, édition 2020, Insee, « Insee Références », juillet 2020.

bac+5 prennent la place des bac+3, qui chassent les bacheliers, etc.

Une partie des enfants des couches moyennes pouvaient s'attendre à accéder au niveau supérieur, à l'encadrement, compte tenu de leurs diplômes. Pour eux, la douche est très froide. Ils y ont cru, ils ont vu de près la réussite, ont côtoyé sur les bancs de l'enseignement supérieur ceux qui réussiront, mais se retrouvent sur le bord de la route. « Les jeunes arrivent dans un monde déjà possédé, où les places sont occupées, et doivent se contenter de ce qui reste lorsque les détenteurs de droits accumulés sont satisfaits[1] », analysait déjà Louis Chauvel à la fin des années 1990.

Ceux du bas de l'échelle des diplômes sont mis hors-jeu. Des dizaines de milliers de jeunes ne sont pas classés du tout. Le plus souvent issus de milieux défavorisés, ils n'accèdent à aucun titre scolaire, comme leurs parents. Une année donnée, sur 660 000 jeunes sortant de formation initiale, environ 50 000 sortent sans aucun diplôme, 96 000 avec au mieux le brevet de fin de troisième. Ils ont été déclassés en amont, par le système scolaire qui n'a pas su les former correctement. Ils ne peuvent pas, de fait, prétendre à des emplois qualifiés et la faiblesse du système français de formation professionnelle leur ouvre peu de portes pour l'avenir. « En près de quarante ans, la situation relative des peu ou pas diplômés s'est dégradée presque continûment », analyse Claude Picart. Ils constituent les gros bataillons des découragés de l'emploi, des chômeurs, de ceux qui naviguent de stage en stage. Ou « bicravent », comme

1. Louis Chauvel, *Le Destin des générations*, *op. cit.*, p. 246.

ils disent, c'est-à-dire vendent de la drogue, solution tentante pour améliorer l'ordinaire, aider leurs parents eux-mêmes en difficulté et éviter d'avoir à travailler pour des salaires misérables.

Le déclassement à l'entrée dans le monde du travail n'est pas le seul à l'œuvre. Les carrières elles-mêmes sont devenues plus « flexibles ». La mobilité vers le haut est plus fréquente en cours de parcours, mais vers le bas aussi. Comme le notait déjà l'Insee dès le milieu des années 2000, « la mobilité descendante n'est plus un phénomène marginal[1] ». Passer par la case du chômage a souvent pour conséquence de devoir descendre d'un cran. « La proportion de cadres et professions intellectuelles supérieures âgés de 30 à 54 ans et ayant connu une mobilité descendante en cours de carrière qui n'était que de 2 % entre 1980 et 1985 est passée à 8 % pour les hommes et 9 % pour les femmes entre 1998 et 2003 », relevait l'institut. Des données désormais anciennes, mais il y a peu de chances qu'elles aient évolué, du fait de l'accentuation de la crise. Les cadres du privé licenciés parce que trop coûteux employés par des centres d'appels ne sont pas nombreux, mais ils existent.

En se prolongeant, le phénomène aboutit à un déclassement des générations, une forme de descente sociale entre parents et enfants. L'ascenseur social fonctionne toujours, mais plus souvent qu'auparavant en mode descendant, comme l'avait remarqué dès la fin des années 2000 le sociologue Camille Peugny[2]. Nous avons du mal

1. Olivier Monso, « Changer de groupe social en cours de carrière », Insee, « Insee Première », n° 1112, décembre 2006.

2. Camille Peugny, *Le Déclassement*, Grasset, 2009.

à mesurer le phénomène pour les générations récentes car, pour cela, il faut attendre que la position sociale de l'individu se soit stabilisée : on observe des personnes qui ont au moins 35 ans. Comme la dernière enquête de l'Insee date de 2015, il s'agit de générations nées au plus tôt en 1980 et jusqu'au milieu des années 1950. Entre 1977 et 2015, la part des fils âgés de 35 à 59 ans occupant une position sociale inférieure à celle de leurs pères a doublé, passant de 7,2 % à 15 %. Pour les générations suivantes, il est probable que cette forme de déclassement soit aujourd'hui encore plus forte.

De cette forme de « déclin social » peut naître une frustration d'autant plus grande qu'on a le sentiment d'avoir fait ce qu'il fallait pour réussir d'un côté et que la promesse de réussite et d'égalité est énoncée avec vigueur par les institutions publiques de l'autre. En 2015, 22 % des hommes de 30 à 59 ans estimaient que leur position sociale était « plus basse » ou « bien plus basse » que celle de leur père[1]. Cette proportion atteint 29 % chez les 30-39 ans et 36 % chez les ouvriers et employés non qualifiés. Ce phénomène a des conséquences sur le regard que portent les jeunes (et, au fil du temps, des générations de plus en plus âgées) sur la société. La violence du phénomène pour les jeunes redouble d'intensité quand s'ajoute le sentiment, fondé ou non, que ce rejet vient non pas des compétences, mais de discriminations, fondées par exemple sur la couleur de peau.

1. « Malgré la progression de l'emploi qualifié, un quart des personnes se sentent socialement déclassées par rapport à leur père », Insee, « Insee Première », n° 1659, juillet 2017.

La double peine de la discrimination

Au déclassement scolaire s'ajoute une deuxième peine pour toute une partie des jeunes, celle des discriminations. Même s'ils demeurent très minoritaires, une partie des employeurs sélectionnent sur la couleur de la peau. La France n'opère pas de statistiques dites « ethniques », mais un bon nombre d'opérations dites de « testing » (on présente des candidats aux CV similaires, qui ne diffèrent que par leurs origines) ont démontré l'existence du phénomène. À un ensemble de candidatures envoyées à une quarantaine de grandes entreprises françaises pour des postes d'employés et de managers, 36 % favorisent le candidat dit « hexagonal » contre 16 % le candidat « maghrébin », soit 20 points d'écart, selon le résultat d'un testing mené par ISM Corum pour le ministère du Travail[1] en 2016. Une partie des inégalités de salaires ne s'expliquent ni par l'ancienneté ni par le diplôme : « Les résultats montrent que les immigrés ont des salaires moindres que les personnes sans ascendance migratoire et que les écarts sont largement inexpliqués. Ces résultats s'observent sur toute la distribution des salaires et ont même tendance à augmenter avec le niveau des salaires[2] », confirme l'Insee dans une vaste étude sur le rôle des origines dans les inégalités au travail.

Aux discriminations s'ajoute une mise à l'écart officielle pour tous les travailleurs qui ne disposent pas de la nationalité française. Pas moins de 5,4 millions d'emplois,

1. « Discrimination à l'embauche selon "l'origine" : que nous apprend le testing auprès de grandes entreprises ? », *DARES Analyses*, n° 76, ministère du Travail, décembre 2016.

2. Elika Athari, Yaël Brinbaum et Jérôme Lê, « Le rôle des origines dans la persistance des inégalités d'emploi et de salaire », Emploi, chômage, revenus du travail, édition 2019, Insee, « Insee Références », juillet 2019.

notamment dans la fonction publique, sont interdits aux étrangers hors Union européenne[1], dont 1,4 million dans les collectivités locales, 1,3 million dans les administrations centrales, et 900 000 dans les établissements publics (hôpitaux et université notamment). Un jeune Sénégalais ou Marocain ne peut pas, par exemple, devenir professeur des écoles. L'effet est considérable : 16,5 % des jeunes actifs de 15 à 29 ans[2] sont au chômage (données Insee 2018), mais le taux atteint 25 % chez les jeunes étrangers hors Union européenne. Pour ces jeunes, souvent issus de milieux sociaux modestes, cette double peine sur le marché du travail s'additionne à l'effet de l'origine sociale. En particulier, l'effet du « réseau » ou plus directement du piston pour obtenir le bon stage, le bon emploi et s'insérer.

Double tiraillement

Cette transformation du travail entre en conflit avec les aspirations des travailleurs, en particulier des jeunes. Le choc est frontal entre une France de plus en plus instruite à la sortie de l'école et la soumission au travail des nouvelles générations. Un fossé se creuse entre la France des maîtres et celle de ceux qui sont à leur service dans le monde du travail et à qui on en demande toujours plus.

Il trouve sa source dans la coexistence de deux classes de travailleurs. Toute une partie de la main-d'œuvre est

1. « Cinq millions d'emplois demeurent fermés aux étrangers non européens », Observatoire des inégalités, version du 19 août 2019.

2. L'Insee utilise désormais une tranche très large qui masque le chômage encore accru des 20-24 ans.

solidement protégée du chômage. Un peu moins de 4 millions de salariés – environ 15 % du total des emplois – disposent du statut de la fonction publique (de l'État, des collectivités locales et de l'hôpital). Un grand nombre de salariés d'entreprises publiques ou d'établissements parapublics savent qu'ils n'ont aucun risque de perdre leur emploi. L'immense majorité de ces salariés ont une vie de travail quasiment assurée. Des perspectives. Au-delà du statut de l'employeur, c'est le cas d'une grande partie des 7 millions d'actifs qui disposent d'un diplôme du supérieur. Cette main-d'œuvre ne craint rien, ou pas grand-chose, pour son avenir.

Main-d'œuvre flexible et main-d'œuvre protégée ne sont pas séparées, elles travaillent ensemble. Le sommet de l'inégalité est atteint dans le secteur public, de l'hôpital aux universités où les précaires exercent dans des conditions à la fois de rémunération et de flexibilité maximales. Ni la mondialisation ni le capitalisme ne sont responsables de ce phénomène : il s'agit de choix politiques. L'employeur public ne subit ni la pression de la concurrence internationale ni celle du grand capital mais déroge au droit du travail en multipliant les contrats à durée déterminée dans des conditions dont rêveraient les chefs d'entreprise du privé, ce qui ne suscite pas des mobilisations de masse. De leur côté, les grandes entreprises, dans lesquelles la condition salariale est souvent la meilleure, utilisent en masse la sous-traitance, de l'informatique au nettoyage en passant par la sécurité et la restauration. Deux univers exercent, dans les mêmes locaux, des tâches complémentaires, mais sont soumis à une ségrégation des statuts. Deux poids, deux mesures au travail qui ne peut que susciter le sentiment d'injustice extrême de ceux qui sont du mauvais côté de la barrière.

Toute une partie des jeunes vivent au quotidien des situations de travail où leurs compétences ne sont pas utilisées, leur autonomie très faible et leur niveau de rémunération en décalage avec leurs aspirations, nourries par leur parcours scolaire. Cette dissonance entraîne un niveau élevé de frustration et une distance vis-à-vis des institutions qui les ont trompés et leur ont fait miroiter un avenir meilleur que le monde dans lequel ils vivent.

Insécurité sociale

Notre état des lieux du travail dans la France contemporaine nous amène à deux grandes conclusions. Premièrement, nous assistons, comme l'a montré depuis longtemps le sociologue Robert Castel, à un « effritement de la condition salariale » : « Le noyau de la question sociale aujourd'hui serait donc, à nouveau, l'existence d'"inutiles au monde", de surnuméraires, et autour d'eux une nébuleuse de situations marquées par la précarité et l'incertitude des lendemains qui attestent de la remontée d'une vulnérabilité de masse[1] ». La note du ministère de l'Économie et des Finances citée plus haut[2] – peu soupçonnable d'être rédigée par de dange-

1. Robert Castel, *Les Métamorphoses de la question sociale. Une chronique du salariat*, Fayard, « L'espace du politique », 1996, p. 261.

2. « Le développement des contrats de très courte durée en France », art. cit.

reux révolutionnaires – documente les dégâts. « Des perspectives d'évolution limitées » pour les précaires, « des rémunérations plus faibles », « des allocations chômage qui viennent compléter les revenus ne suffisent pas toujours à éviter la pauvreté », « un faible pouvoir de négociation salariale ».

La progression de l'insécurité au travail constitue une régression historique. « Sur le long terme, l'instabilité de ces emplois peut aussi avoir des répercussions sur la santé et la qualité de vie », poursuit la note. Une part minoritaire mais croissante de la population voit son horizon de vie professionnelle se réduire, ce qui a des conséquences sur son mode de vie (pour louer ou acheter un logement, organiser ses activités quotidiennes, ses loisirs, etc.), mais aussi psychologiques. Au-delà, l'incapacité à pouvoir se projeter dans l'avenir, le sentiment de fragilité permanente, de vivre constamment au jour le jour détendent le lien avec des institutions collectives incapables d'assurer un cadre minimum d'assurance. L'insécurité au travail constitue l'un des éléments d'une insécurité sociale plus large, pour reprendre les termes de Robert Castel. Les plus farouches combattants de l'insécurité dans la rue sont souvent ceux qui vantent les mérites de cette insécurité, alors rebaptisée « flexibilité ».

Deuxièmement, même si ce mouvement est considérable, en comptant au plus large, l'effet concerne un peu moins de la moitié des actifs : il n'est pas majoritaire. La situation profite encore au plus grand nombre des actifs : le travail n'est pas « précarisé » dans son ensemble. Le résultat, c'est qu'il peut toujours se former une majorité politique de gagnants pour valider le processus. La désillusion, la haine, la frustration la plus forte gagnent notamment parmi les générations les plus jeunes et les déçus de l'école. Ce phénomène alimente directement une radicalisation, qu'elle soit religieuse ou politique, et un rejet énorme du système qui semble leur cracher à la figure. Au premier tour de l'élection présidentielle de 2017, 55 % des jeunes contre 42 % de l'ensemble ont voté pour l'extrême droite ou l'extrême gauche[1]. Elle nourrit de très nombreux mouvements de contestation qui rassemblent des jeunes diplômés, de Nuit debout en 2016 à Extinction Rebellion aujourd'hui. Elle a conduit aussi sur les ronds-points une partie de jeunes de catégories moins bien loties qui se sont heurtés violemment à la police. « La pause actuelle, longue déjà de deux décennies, pourrait finir par susciter l'impatience[2] », expliquait déjà Louis Chauvel à la fin des années 1990. La « spoliation des jeunes par les vieux », selon son expression, suscite la colère. Une partie de la jeunesse a le sentiment de ne pas être entendue et l'exprime haut et fort.

Le mal-emploi concerne une population non seulement minoritaire mais aussi peu organisée collectivement, dont les intérêts sont mal représentés. La masse des « mal-employés », des chômeurs et des précaires, est constituée de jeunes qui n'ont pas réussi à obtenir un titre scolaire, mais aussi de femmes qui se sont arrêtées de travailler pour élever leurs enfants et qui n'arrivent plus à reprendre pied dans l'emploi, ou des plus âgés qui baissent les bras. L'emploi non qualifié s'est féminisé

1. Sondage Ipsos, 19 au 22 avril 2017.
2. Louis Chauvel, *Le Destin des générations*, *op. cit.*, p. 233.

et s'est déplacé de grands établissements de l'industrie vers de plus petits ensembles des services où les syndicats n'existent plus.

Les jeunes de Nuit debout comme ceux des Gilets jaunes peuvent bien s'agiter, cela ne suffit pas à infléchir le cours de politiques publiques menées par les différentes majorités. Le syndicalisme français, divisé et politisé, est quasi mort dans le secteur privé avec environ 8 % de syndiqués et 5 % dans les petites entreprises[1]. Depuis la mise en place des 35 heures il y a désormais vingt ans, les réformes dans l'univers du travail ont consisté à dégrader les protections. Même une crise d'ampleur comme celle qui a suivi la crise sanitaire du printemps 2020, laissant sur le carreau des centaines de milliers de travailleurs, n'a pas fait bouger cette situation, laissant la majorité indifférente aux plus pauvres.

La domination d'une France stable sur une France flexible constitue un nouvel équilibre, dans lequel une majorité profite des efforts et des bas niveaux de vie d'une minorité asservie, sans que cette minorité ait les moyens de renverser le cours de l'histoire. Ce qui se joue ici n'a rien de si nouveau. Il ne s'agit pas de « nouvelles inégalités » postmodernes surgies d'on ne sait où, fondées sur le « destin des individus ». Il s'agit bel et bien de luttes de classes – employons une expression qui fait peur –, de rapport de domination en bonne et due forme entre des groupes sociaux. Il y a bien d'un côté des classes qui profitent et d'autres qui perdent. Certes, ceux d'en haut ne sont pas seulement une poignée de maîtres de

1. « Le taux de syndicalisation se stabilise à un niveau très faible », Centre d'observation de la société, version du 22 juillet 2019.

l'industrie et ceux d'en bas des ouvriers en bleu de travail et aux mains noircies. Le déclin de la classe ouvrière et la féminisation de la main-d'œuvre ont brouillé les pistes. Mais ils n'ont pas fondamentalement modifié l'ordre des choses.

9

Pourquoi nous pouvons encore y croire

Nous avons décrit une France marquée par les inégalités. Où les privilégiés en réclament toujours davantage. Doit-on se résigner à un avenir où ceux qui en ont déjà trop en auraient encore plus ? Un certain nombre de commentateurs, dans leur confort mondain, aiment jouer au « c'était mieux avant » et « il ne nous en reste plus pour longtemps ». À la fin annoncée du capitalisme s'ajoute aujourd'hui celle de la planète. À croire les nouveaux « collapsologues », la question ne serait plus de savoir si l'humanité a un avenir, mais en combien de décennies se compte sa survie. Le président de la République a raison de critiquer des « petits-bourgeois » qui « n'attendent qu'une chose, c'est de pouvoir documenter le sinistre[1] ».

Qu'il s'agisse d'environnement comme d'inégalités sociales, ce discours rassure les plus âgés. Ils partiront avant la « grande explosion », ils quittent un monde qui se déprécie. Laissons-les s'y complaire, car pour eux il s'agit d'une thérapie. Ne sous-estimons pas les

1. Cité dans *Macron président, la fin de l'innocence*, documentaire de Bertrand Delais, France 3, 7 mai 2018.

arguments financiers : jouer sur les peurs fait vendre des ouvrages, des articles, des reportages.

Surtout, n'y succombons pas. C'est exactement ce qu'attendent les classes favorisées : vaincre sans combattre. La loi économique du plus fort – comme la destruction de notre planète – n'est en rien inéluctable. De nombreuses forces de progrès se battent pour rendre le monde moins inégal. Notre tableau de la société française en a assez pointé les dysfonctionnements, mais tout ne fait pas marche arrière. Ensuite, pour contrecarrer la marche de ceux qui en veulent encore plus, les forces et les outils sont nombreux. Expliquons-nous.

Ce qui avance

Retracer l'histoire des politiques publiques de ces dernières décennies en matière d'inégalités ne revient pas à une chronique des reculs. La France est un pays riche qui se transforme aussi en bien. Contrairement à d'autres pays, aucun gouvernement n'a taillé en pièces l'État social, comme on le répète avec complaisance à gauche. Dans les années 1960, la collectivité prélevait 30 % de la richesse nationale. La modernisation giscardienne et le ralentissement de la croissance ont fait passer le taux de prélèvements obligatoires à 40 % en 1981. Depuis 2013, il atteint 45 %. Pour une économie néolibérale soumise à la domination des forces du marché, on fait mieux. En particulier, la France est l'un des pays au monde qui dépense le plus pour sa protection sociale, principalement car elle a mis en place un dispositif public et obligatoire de retraites et qu'elle assure un haut niveau de soins. C'est beaucoup d'argent, mais c'est ce qui fait que notre pays est l'un de ceux où il fait le mieux vivre. Pour l'heure, la « Sécu » existe encore.

Critiquer les failles de notre modèle social impose d'en reconnaître les progrès. Du côté des politiques sociales, les minima sociaux destinés aux personnes handicapées ou âgées ont été notablement relevés ces dernières années. À 900 euros mensuels, ils se situent légèrement au-dessus du seuil de pauvreté, à 50 % du niveau de vie médian. C'est un progrès social majeur. Le minimum vieillesse a augmenté 3 fois plus vite que les prix au cours des cinquante dernières années. Les jeunes ont été les parents pauvres des mesures sociales, mais la « garantie jeunes » mise en place à partir de 2014 va dans le sens d'un minimum social, même si elle demeure bien trop restrictive. Le rognage mesquin de 5 euros des allocations logement par le gouvernement d'Édouard Philippe en 2017 ne doit pas faire oublier que celles-ci jouent un rôle d'amortisseur massif face aux crises. La plus grande avancée de ces dernières décennies est sans doute la couverture maladie universelle (instaurée en 2000) et sa partie complémentaire, qui ont réduit le nombre de personnes sans couverture santé ou mal couvertes, même si des inégalités importantes persistent. On peut trouver que trop de soins demeurent mal remboursés, mais on peut difficilement parler de recul. Au cours des dix dernières années, les dépenses des hôpitaux publics sont passées de 60,1 milliards à 75 milliards, une hausse non négligeable de 25 %[1].

1. Cela n'empêche pas de se demander qui, concrètement, en a bénéficié.

Les besoins demeurent énormes, mais la construction de logements sociaux a été relancée au début des années 2000 avec la mise en place du Programme national de renouvellement urbain et de l'Agence nationale pour la rénovation urbaine en 2003. La violence des émeutes de 2005 a ensuite joué un rôle majeur dans l'accélération de ce programme de rénovation des cités, pourtant réclamé depuis des années par de très nombreux experts. Depuis 2006, on finance plus de 100 000 logements sociaux par an contre moins de 60 000 au début des années 2000.

Quelle que fût la couleur politique des majorités, des avancées très nettes ont été faites en matière de lutte contre les discriminations selon l'origine, le genre ou l'orientation sexuelle notamment. La création de la Haute Autorité de lutte contre les discriminations et pour l'égalité en 2004, intégrée par la suite dans l'ensemble coordonné par le « Défenseur des droits », a constitué un progrès notable, et même si tout est loin d'être réglé, comme en témoignent d'ailleurs ses propres rapports[1]. Le droit accordé aux personnes de même sexe de se marier (2013) ne concerne qu'un petit nombre de couples, mais constitue aussi un pas en avant. Si le salaire moyen des femmes rattrape celui des hommes, c'est peut-être aussi lié à une prise de conscience des pouvoirs publics et aux politiques de lutte contre les inégalités entre les femmes et les hommes. Les cas de discrimination ou de harcèlement sont plus souvent dénoncés et médiatisés qu'auparavant.

1. Lire par exemple « Les droits fondamentaux des étrangers en France », rapport du Défenseur des droits, mai 2016.

Au fil des années, le législateur (récemment la loi dite El Khomri de 2016 et les ordonnances Macron de septembre 2017) tente de réduire les droits des salariés en procédant par petites touches progressives. Pour l'heure, il n'a pas massivement dérégulé le marché du travail, contrairement à ce qui a été entrepris dans les pays anglo-saxons. La limitation du temps partiel contraint (loi du 14 juin 2013) ou la mise en place d'un compte prévention pénibilité (décrets de décembre 2015), même amoindri en 2017, constituent des avancées.

Au niveau scolaire, l'enseignement supérieur généraliste a été le parent pauvre des politiques publiques d'éducation si l'on prend en compte la progression du nombre d'étudiants, mais l'enseignement technique court du supérieur (BTS et IUT) a bénéficié de moyens importants. Au primaire, le dédoublement des classes dans les réseaux d'éducation prioritaire est surtout un argument de communication qui ne doit tromper personne : les trois quarts des élèves de milieux défavorisés n'étudient pas dans ce type d'établissement[1]. Mais qui peut dire que cette politique aille dans le mauvais sens ?

Si l'on voulait évaluer de façon vraiment complète l'action publique en matière d'inégalités dans notre pays, il faudrait enfin tenir compte des politiques mises en place aux différents échelons des territoires. Aller observer dans chaque commune, département ou région ce qui s'y fait concrètement. Derrière le bruit médiatique des politiques nationales se cachent une foule d'initiatives locales où les clivages politiques jouent

1. « Les trois quarts des élèves défavorisés étudient hors de l'éducation prioritaire », Centre d'observation de la société, version du 29 avril 2019.

mais où les postures prennent moins d'importance. De la rénovation des écoles, des collèges et des lycées au développement des infrastructures de transport, culturelles ou sportives, en passant par l'accueil des jeunes enfants, au soutien aux associations, des moyens de grande ampleur ont été déployés, et pas uniquement par la gauche.

Les effets pervers de la critique sociale

Les reculs sont nombreux, de l'école à la fiscalité en passant par la régulation du travail, mais les déclinistes jouent avec le feu en faisant apparaître notre modèle social comme incapable de répondre aux besoins et de se moderniser. Souvent pleins de bonnes intentions, marqués par les injustices de la société actuelle, les partisans de plus de justice produisent un discours qui se retourne contre ceux qu'ils veulent défendre. Des dizaines de milliers de personnes vivent dans notre pays dans des situations indignes. À l'école, dans les centres sociaux, les associations d'aide aux plus modestes, des milliers de bénévoles et de salariés œuvrent avec des moyens misérables pour venir au secours des plus démunis. Ils n'en peuvent plus, de l'hypocrisie et de la gourmandise de ceux qui vivent bien. Ce qui a de quoi faire sortir de ses gonds.

On a raison de s'enflammer, mais la flamme que l'on manie est alors à manipuler avec précaution. À force de dramatisation, la critique finit par scier la branche du modèle social sur laquelle elle est assise. Si l'on dépense autant d'argent pour la santé alors que la France semble n'être faite que de déserts médicaux, si l'école « augmente les inégalités », pourquoi ne pas tout livrer au privé, qui pourrait faire mieux pour moins cher ? Comme le note l'économiste Christophe Ramaux, les dépenses publiques de notre État social jouent un rôle majeur dans la redistribution : « [Une] chose est de reconnaître les dysfonctionnements pour y remédier, une autre est de les prendre pour privatiser, alors même que le privé est à la fois plus coûteux et surtout plus injuste dès lors que des missions d'intérêt général sont en jeu[1]. » Le modèle social français reste l'un des plus performants au monde. Comme nous l'avons indiqué (voir p. 68) en 2017, le taux de pauvreté était de 6,7 % en France, avec un seuil à 50 % du niveau de vie médian, selon les données européennes, soit un tiers de moins qu'en Allemagne ou au Royaume-Uni.

Le *lamento* permanent nourrit le fatalisme : si nous allons dans le mur quoi qu'on fasse, rien ne sert de s'activer. Au bout du compte, les plus forts remportent la bataille sans même avoir à la livrer. Jouer sur les angoisses d'une fin du monde proche fait de l'audience mais ne délivre pas. Au contraire, cela paralyse. Le plus souvent, ceux qui en jouent n'en sont – et n'en seront – pas les victimes. Qu'il s'agisse de climat comme d'inégalités, nos fin-du-mondistes envoient au fond un message aux plus jeunes : « Fermez-la. Si notre pays ploie sous la pauvreté et le chômage, contentez-vous de ce que vous avez. Des millions d'autres jeunes sont prêts

1. Christophe Ramaux, *L'État social. Pour sortir du chaos néolibéral*, Fayard-Mille et une nuits, 2012.

à prendre votre place, si vous l'ouvrez. » Si la loi du plus fort l'emporte dans tous les cas, le plus faible, dans la crainte, n'a aucun intérêt à se battre (voir aussi chapitre 10).

L'équilibre n'est jamais simple à trouver. Dénoncer les inégalités n'empêche pas d'élaborer une critique de la critique sociale, une sorte de contrôle qualité du discours. Cette posture n'est pas à la mode dans un monde où l'on essaie de convaincre l'autre en hurlant le plus fort possible. Il faut néanmoins prendre conscience du jeu pervers de l'audience. Quel est l'objectif de la critique ? Faire le maximum de bruit ou rendre le monde plus juste ? Les deux ne vont pas toujours ensemble.

Avec quelles forces sociales ?

Les avancées que nous avons soulignées ne tombent pas du ciel. Tout irait pour le mieux pour les privilégiés s'ils pouvaient s'affranchir du pouvoir de nuisance et d'expression des classes populaires. La troisième gauche intellectuelle a même théorisé depuis longtemps son divorce avec le monde ouvrier devenu, selon elle, conservateur, qui est « contre les immigrés, contre les assistés, contre la perte de valeurs morales et les désordres de la société contemporaine[1] », selon Bruno Jeanbart, Romain Prudent et Olivier Ferrand de la Fondation Terra Nova. Pour eux, ce n'est pas la gauche

1. « Gauche : quelle majorité électorale pour 2012 ? », Terra Nova, mai 2011.

qui a perdu le contact avec le peuple, c'est le prolétaire qui a perdu les bonnes manières, qui est devenu réactionnaire. Il faut s'appuyer désormais sur les diplômés, les jeunes, les femmes, les minorités et les quartiers populaires. Malheureusement pour nos privilégiés, les catégories populaires et moyennes demeurent nombreuses. On l'a vu, 18 % seulement des adultes ont un diplôme supérieur à bac+2, c'est bien insuffisant pour en faire une majorité. Nous sommes en démocratie, cette France d'en dessous et celle du milieu continuent à voter. Même si elles s'abstiennent davantage, leur poids est tel dans l'électorat que l'on ne peut faire sans elles. Lionel Jospin cherchait encore à la fin des années 1990 à « réconcilier les classes moyennes et populaires » ; aujourd'hui, la gauche ne parle plus qu'aux diplômés dans une langue que les autres ne comprennent pas.

Les classes moyennes et populaires vivent encore, et ne sont pas forcément destinées à porter au pouvoir le Rassemblement national, comme l'a montré l'épisode des Gilets jaunes où le décalage avec la France des diplômés était palpable. « Déconsidérés socialement et éprouvés physiquement quotidiennement par leur travail, situés au dernier rang dans la fameuse “chaîne de valeur”, ce sont d'abord ces salariés invisibles qui ont endossé leur gilet jaune pour accéder à la reconnaissance, à la dignité et revendiquer des conditions de vie plus décentes. Ce sont également eux qui se sont le plus souvent reconnus dans ce mouvement de contestation frontale du pouvoir en place avant, un an plus tard, d'être les plus forts soutiens des grévistes s'opposant à la réforme des retraites[1] », écrivent Jérôme Fourquet et Marie Gariazzo. Ces milieux populaires n'ont pas abandonné la gauche, c'est la gauche qui les a laissés tomber.

Là non plus, ne tombons pas dans l'excès inverse. La résistance sociale existe grâce à la mobilisation d'une frange de la bourgeoisie diplômée, souvent la moins favorisée, parfois déclassée. Du combat contre le mal-logement au soutien scolaire en passant par l'hébergement des plus démunis, sur le terrain, une multitude de luttes sont menées par des diplômés qui s'investissent tous les jours pour réduire les écarts entre les milieux populaires et les plus défavorisés, même si ce sont rarement eux que l'on entend le plus. Aujourd'hui, par exemple, c'est une étrange alliance constituée de militants d'extrême gauche et de milieux chrétiens bien moins révolutionnaires qui apporte un soutien décisif aux étrangers sans-papiers que l'on pourchasse de notre pays. La haine et les attaques au cœur des valeurs de solidarité suscitent en réponse l'organisation de très nombreux mouvements, parfois très spontanés. Un moment marquant pour cela aura été la fondation du Réseau éducation sans frontières (RESF) en 2004, en soutien aux enfants menacés d'expulsion. Ces réseaux d'aide aux sans-papiers se multiplient, et dépassent d'ailleurs largement les clivages politiques sur le terrain. Chez les jeunes, une partie de la population déclassée exprime sa frustration et se mobilise dans de très nombreuses initiatives. Ce qui manque, ce n'est ni le peuple

1. Jérôme Fourquet et Marie Gariazzo, « La pénibilité au travail : un sujet éminemment politique », note de la Fondation Jean-Jaurès, 21 janvier 2020.

ni les militants de la justice, mais une offre politique qui comprenne les besoins sociaux d'une France qui va mal.

Une société jugée injuste

Les mobilisations existent parce que les valeurs partagées par l'immense majorité sont à des années-lumière de l'image qu'en donnent la plupart des médias qui construisent leur discours sur l'air du temps. Les Français sont bien loin d'être convertis à l'idéologie conservatrice mise en scène sur les plateaux de télévision.

On sait que, dans le domaine des valeurs familiales, de l'égalité entre les femmes et les hommes ou de l'orientation sexuelle, les progrès sont lents mais constants[1]. On sait aussi que les Français sont très attachés à l'égalité entre les citoyens, qui fonde leur devise. 75 % des Français estiment que la société française est « plutôt injuste », selon le baromètre annuel du ministère des Solidarités (données 2019). 22 % la trouvent « plutôt juste » et 3 % ne se prononcent pas. Depuis les années 2000, date du début de l'enquête, la part de personnes trouvant la société « plutôt injuste » a augmenté de près de 10 points, notamment entre 2000 et 2010. À cette époque, les trois quarts de la population jugeaient déjà la société « injuste ». Depuis la crise de 2008, 80 % de la population

1. Pour aller plus loin, voir Pierre Bréchon, Frédéric Gonthier et Sandrine Astor, *La France des valeurs. Quarante ans d'évolutions*, Presses universitaires de Grenoble, 2019.

relèvent que les inégalités ont « plutôt augmenté » contre seulement 13 % qui estiment qu'elles ont « diminué ». Cette tendance est la conséquence d'évolutions économiques et sociales que nous avons décrites tout du long de cet ouvrage, la montée du chômage et des écarts de revenus, la valorisation permanente des plus favorisés, leur mépris social. Le sentiment que notre société exclut une partie de sa population du progrès.

De moins en moins racistes

Que l'égalité reste une valeur profondément ancrée dans la population française mérite d'être rappelé, mais cela n'a rien d'original. On dit beaucoup moins que les Français sont très loin d'être acquis aux arguments de ceux qui leur montrent du doigt des boucs émissaires, que ce soient les prétendus « assistés » de notre modèle social ou les étrangers (voir p. 49). Il n'est pas inutile de résumer quelques enseignements des grandes enquêtes sur les valeurs.

Commençons par la xénophobie et le racisme. La part de personnes qui estiment qu'il existe des « races supérieures à d'autres » ne change pas depuis vingt ans, autour de 10 % de la population, selon le ministère des Solidarités. La proportion de celles qui pensent que « toutes les races se valent » a baissé entre la fin des années 2000 et le début des années 2010 et atteint 56 % en 2019, mais simplement du fait de la progression de ceux qui pensent que les races n'existent tout simplement pas, qui ont plus que doublé entre 2002 et 2019, passant de 16 % à 36 %. La part de ceux qui pensent qu'il existe des races supérieures à d'autres est passée de 14 % en 2002 à 6 % en 2019.

Pour mesurer l'évolution de cette tolérance vis-à-vis des étrangers sur le long terme, le sociologue Vincent Tiberj a mis au point un « indice longitudinal de tolérance », publié chaque année dans le rapport de la Commission nationale consultative des droits de l'homme (CNCDH)[1]. Cet indicateur réalise la synthèse d'un ensemble de questions autour du racisme ou du rejet de l'autre (« Les musulmans sont-ils des Français comme les autres ? », « L'immigration est-elle la principale cause de l'insécurité ? », etc.), dont six ont été posées durant plus de quinze ans. Globalement, l'indice oscille depuis le début des années 2000 autour de 60 %, alors qu'il était inférieur à 55 % dans les années 1990. Depuis 2013, on enregistre même une remontée.

Depuis 2000, la Sofres interroge les Français pour savoir s'ils sont d'accord avec l'affirmation selon laquelle il y aurait « trop d'immigrés ». La part de ceux qui sont « tout à fait d'accord » ou « assez d'accord » a baissé, passant de 60 % au début des années 2000 à 46 % en 2020. La part de « tout à fait d'accord » a été quasiment divisée par 2 entre le milieu des années 1990 et le milieu des années 2000, passant de 50 % à 25 %. Dans les années récentes, elle s'est réduite de 28 % à 18 % entre 2016 et 2020. En conclusion de la grande enquête menée sur les valeurs depuis quarante ans à peu près

1. *La Lutte contre le racisme, l'antisémitisme et la xénophobie. Année 2019*, CNCDH, *op. cit.*

tous les dix ans, les auteurs Pierre Bréchon, Frédéric Gonthier et Sandrine Astor concluent que « les préjugés xénophobes n'ont globalement pas augmenté entre 2008 et 2018[1] ».

Que se passe-t-il alors ? « Ce sont moins les événements en tant que tels qui peuvent influer sur les opinions des individus que la manière dont ils sont "cadrés" par les élites politiques, sociales et médiatiques. Les responsabilités de ces dernières sont donc particulièrement importantes pour donner le ton, imposer un récit dominant », analyse la CNCDH dans son rapport 2018[2]. Autrement dit, le discours politique, celui des journalistes ou des experts donnent le « ton » du moment, qui va se traduire un temps dans les sondages, en influençant les plus hésitants. Ils modifient peu les valeurs fondamentales. Une partie des réponses aux sondages de coin de rue (ou de plus en plus *via* Internet) sont aussi une manière pour les populations fragilisées d'exprimer un malaise et une colère plus larges qui portent sur leur situation sociale et le sentiment d'être délaissés par les pouvoirs publics. Finalement, le plus étonnant est le faible impact des discours xénophobes compte tenu du poids médiatique de la parole xénophobe. Cette résistance devrait interroger.

1. Pierre Bréchon, Frédéric Gonthier et Sandrine Astor, *La France des valeurs. Quarante ans d'évolutions*, *op. cit.*, p. 368.

2. *La Lutte contre le racisme, l'antisémitisme et la xénophobie. Année 2018*, CNCDH, La Documentation française, mai 2019.

Les Français ne sont pas « pauvrophobes »

Le phénomène est identique vis-à-vis de la seconde catégorie de boucs émissaires livrés aux masses, les prétendus « assistés », qui vivraient des bénéfices de notre modèle de protection sociale. La population soutient massivement les plus démunis. Les Français n'ont en rien succombé à la « pauvrophobie », terme parfois employé pour décrire les comportements contre les plus pauvres.

Pas moins de 56 % de la population estiment que les pouvoirs publics n'en font pas assez pour les plus démunis, 33 % « ce qu'ils doivent », 9 % trouvent que l'on en fait trop et 2 % ne se prononcent pas, selon les données 2019 du ministère des Solidarités. À la question : « Quelles sont les raisons qui, selon vous, peuvent expliquer que des personnes se trouvent en situation de pauvreté ? », la réponse (plusieurs sont possibles) qui arrive en tête est : « Parce qu'ils manquent de qualifications », pour 70 % des personnes interrogées en 2018, niveau qui a peu varié depuis 2000. Arrive ensuite : « Il n'y a plus assez de travail pour tout le monde », pour 59 % de la population.

En aucun cas les enquêtes ne laissent entrevoir une opinion convertie aux arguments selon lesquels les prestations sociales entraîneraient une « désincitation » au travail et le développement de l'assistanat. Le sort des plus démunis est bien mieux compris par l'immense majorité de la population qu'on ne le dit. C'est sans doute pour cela que le président de la République a fait un plat médiatique en indiquant que l'on dépense un

« pognon de dingue » pour les pauvres. C'est aussi cela, et l'ampleur des difficultés économiques qui ont fait évoluer le discours du Rassemblement national dans le domaine du travail[1], qui semble à certains égards plus à l'écoute des catégories populaires que d'autres partis. Et ceux qui continuent à cibler les « assistés » à longueur de discours n'en retirent pas un avantage aussi important qu'ils le croient.

Au-delà de l'opinion vis-à-vis de telle ou telle catégorie, Vincent Tiberj a, comme pour les étrangers, résumé dans un indicateur ce qu'il appelle la « demande sociale[2] » avec des questions du type : « L'État doit-il contrôler plus les entreprises ? », « Faut-il diminuer ou augmenter les minima sociaux ? », etc. L'indice, qui se situait à 46 sur 100 en 1992, a grimpé à 61 en 2018. « Alors que les élites partisanes de droite et, dans une moindre mesure, socialistes laissaient à penser que les Français étaient de moins en moins attachés à l'État social, c'est bien l'inverse que nous dit la mesure de l'opinion sur la longue durée. Un décalage semble se creuser entre les demandes électorales et les propositions de politiques publiques des grands partis, comme si ces derniers résistaient à intégrer certains signaux venus "d'en bas" », écrit le sociologue, qui y voit une forme « d'inertie idéologique des élites partisanes ».

1. Il faut rappeler que l'une des propositions de Marine Le Pen à l'élection de 2017 était le retrait de la loi travail (dite El Khomri).

2. Vincent Tiberj, « Les attentes de redistribution n'ont jamais été aussi fortes », www.alternatives-economiques.fr, 4 décembre 2018.

Acharnement

L'acharnement contre les allocataires de minima sociaux ou les étrangers est devenu obsessionnel. En quête de publicité, les chaînes d'information en continu constituent une tribune permanente où se déverse le discours de l'extrême droite xénophobe[1]. Mais alors, comment expliquer cet écart entre le bruit médiatique sur ce qu'on appelle « l'opinion publique » et les valeurs des Français telles qu'elles ressortent des enquêtes scientifiques ? Au fond, pourquoi tout ce bruit a-t-il un impact aussi faible ?

D'abord, qu'est-ce que ce bruit ? Ces chaînes ne regroupent chacune qu'environ 1 % de l'audience au maximum. Elles sont regardées par une petite frange de téléspectateurs, souvent les mêmes, qui observent cette mise en scène caricaturale de fin de soirée en la prenant plus ou moins au sérieux. Les médias de masse sont beaucoup plus mesurés. Le bruit médiatique des réseaux sociaux masque 1) le fait qu'on y reste le plus souvent dans l'entre-soi, les complotistes complotent le plus souvent entre eux ; 2) le fait qu'ils sont très rarement utilisés pour s'informer en politique mais pour communiquer, pour rire et se détendre ; 3) le fait qu'ils offrent des messages éphémères, aussi vite oubliés que publiés. Cela ne veut pas dire qu'ils n'aient pas d'impact et qu'ils ne doivent pas être régulés, mais qu'il faut les remettre à leur juste place.

1. Tout cela est bien décrit dans Laurent Mucchielli, *La France telle qu'elle est*, *op. cit.*

Des facteurs plus profonds déterminent les valeurs. Elles sont enracinées dans le réel de nos pratiques, dans notre économie, notre démographie et nos évolutions sociales, non dans les élucubrations des radicaux sur les plateaux de télévision. Parmi les classes populaires et moyennes, il n'y a pas les « assistés » et les autres. Le mal-emploi dans notre société (voir p. 141) est loin de toucher une frange minime de la population, nous l'avons estimé, avant la crise, à environ un quart des actifs. C'est compter sans les parents, ou les conjoints, qui peuvent disposer d'une position stable mais qui vivent avec des personnes en situation de difficulté, ou en sont proches. C'est une photographie à un instant T, qui met de côté tous ceux qui ont été en difficulté à un moment ou à un autre, qui ont eu recours à la solidarité.

La société française n'est pas davantage constituée de ghettos d'étrangers d'un côté et de personnes nées en France et dont les parents y sont nés depuis des générations de l'autre, même si la ségrégation est marquée dans certains quartiers. Les regards sont tournés vers les tensions qui peuvent en résulter, mais ce qui étonne surtout est la capacité à vivre ensemble avec des modes de vie parfois très différents, le respect des uns et des autres pour ce qui relève de la sphère privée.

Les populations se mélangent au fil des générations. La France est un pays d'immigration de longue date du fait de sa relativement faible fécondité[1]. La notion même de « souche » n'a plus de sens dès lors que l'on remonte

1. « Un siècle d'évolution du nombre d'étrangers et d'immigrés en France », Centre d'observation de la société, version du 25 mai 2020.

plus de deux générations. La première grande poussée migratoire a lieu dans les années 1920. 70 % des immigrés sont installés depuis plus de dix ans (données Insee 2011). Au total, 10 millions de personnes (16 % de la population) vivent dans un ménage où la personne de référence ou son conjoint est immigré. Depuis la fin du XIXe siècle, l'immigration par couches successives fait partie de notre histoire, qu'on le veuille ou non. La venue d'étrangers a toujours suscité des craintes pour ceux qui sont confrontés à des difficultés économiques, cela ne signifie pas qu'il y ait une hostilité croissante à la différence.

À ces réalités démographiques, économiques et sociales s'ajoutent des facteurs idéologiques. Les valeurs d'égalité et de fraternité constituent bien deux piliers de nos principes, pour partie imperméables aux fluctuations médiatiques. Ces valeurs, portées par l'élévation du niveau de diplôme, poussent à une tolérance plus grande des différences et à l'émancipation, comme Vincent Tiberj[1] l'a noté de longue date en étudiant l'impact du renouvellement générationnel. On a vu que le mérite scolaire pouvait avoir pour effet de cimenter les inégalités, une force contraire agit aussi.

Enfin, au-delà même de la seule question du rapport aux moins favorisés ou aux inégalités, la confusion est très grande entre l'aspiration à l'autonomie et le repli individualiste, parfaitement relevée par l'enquête dirigée par Pierre Bréchon et ses collaborateurs sur les valeurs. Cette fresque qui décrit les transformations des valeurs

1. Vincent Tiberj, *La Crispation hexagonale*, Fondation Jean-Jaurès, 2008.

au cours des quarante dernières années fait apparaître une France beaucoup plus ouverte qu'autrefois : « Le débat public est souvent saturé par les discours alarmistes qu'alimente une grille de lecture du changement social centrée sur l'idée d'une crise des valeurs politiques, morales et sociales. [...] L'individualisation des valeurs n'est pas synonyme de repli sur soi, d'égoïsme ou d'anomie[1] », analysent-ils. L'autonomie croissante des individus ne mène pas nécessairement au chacun pour soi.

Travail, environnement, formation, logement, discriminations... Comme le notent Frédéric Gilli et Laurent Sablic, qui mènent des séries d'entretiens sur le terrain, les priorités des Français vues de la salle des fêtes sont à des années-lumière de celles des plateaux télé. « Les décideurs politiques ont donc à choisir leurs débats : soit ceux de CNews soit ceux des Français. Ce choix est grave. En alimentant les polémiques, ils contribuent à séparer les citoyens quand les Français aspirent à se retrouver autour d'un projet qui donne du sens à leur avenir individuel et collectif[2]. » Il serait plus utile d'écouter ce terrain et moins le bruit des sondages, des réseaux sociaux et d'une poignée de pseudo-experts du soir.

1. Pierre Bréchon, Frédéric Gonthier et Sandrine Astor, *La France des valeurs. Quarante ans d'évolutions*, *op. cit.*, p. 370.

2. Frédéric Gilli et Laurent Sablic, « Plateaux télé ou salles des fêtes, où s'invente l'avenir du pays ? », *Libération*, 29 septembre 2020.

10

Que faire contre les inégalités ?

Combattre les inégalités d'accord, mais comment faire au juste ? Depuis cinquante ans, droite et gauche se sont croisées au pouvoir. Leur bilan n'est pas nul en matière d'inégalités, mais il n'a pas répondu aux attentes, loin de là. Il est tentant pour l'observateur de se contenter de juger en délivrant des bons et des mauvais points. Cela assure un certain confort. Pourtant, si on admet qu'on peut y croire, il faut essayer de temps à autre de dégager des pistes.

En faisant appel à une trentaine de chercheurs d'opinions différentes, nous avions déjà dressé un ensemble de mesures possibles à un an de l'élection présidentielle de 2017[1]. Quelles leçons tirer, aujourd'hui, de bientôt vingt ans d'observation des inégalités, d'une bonne dizaine de rapports sur les inégalités, la richesse ou la pauvreté ? Il n'existe aucune solution simple, facile à en mettre en œuvre et définitive. Sans prétendre

1. Louis Maurin et Nina Schmidt (dir.), *Que faire contre les inégalités ? 30 experts s'engagent*, éditions Observatoire des inégalités, 2016.

à l'exhaustivité, on peut soumettre quelques éléments au débat.

Chassons la domination de nos têtes

Les puissants n'attendent qu'une chose, que nous les laissions seuls engloutir le gâteau. Le premier travail que nous devons faire est de lutter contre les mécanismes qui nous conduisent à intérioriser l'ordre social et laisser faire en déclarant forfait. Pour faire accepter les inégalités, rien de tel que de faire en sorte que ceux qui en sont les victimes pensent être destinés à la place que la société leur assigne. En intériorisant ces inégalités, ceux qui les subissent collaborent inconsciemment au processus.

Cela n'a rien de nouveau, c'est l'objet du *Discours de la servitude volontaire*, écrit par Étienne de La Boétie en... 1574 : « Je voudrais seulement comprendre comment il se peut que tant d'hommes, tant de bourgs, tant de villes, tant de nations supportent quelquefois un tyran seul qui n'a de puissance que celle qu'ils lui donnent, qui n'a pouvoir de leur nuire qu'autant qu'ils veulent bien l'endurer, et qui ne pourrait leur faire aucun mal s'ils n'aimaient mieux tout souffrir de lui que de le contredire[1]. » Si la contradiction est parfois si faible, c'est que, par exemple, la société apprend aux filles à tenir leur rôle de fille, aux enfants de catégories populaires à s'orienter vers

1. Étienne de La Boétie, *La Servitude volontaire*, Librairie des bibliophiles, édition de 1872, p. 5.

les filières qui mènent aux métiers manuels, etc. À intégrer l'ordre social tel qu'il est. On s'en remet de moins en moins à la religion pour nous dicter nos modes de vie, mais une multitude de mécanismes se chargent de nous forger un futur. La servitude n'est pas vraiment volontaire, mais nous y contribuons en acceptant le rôle qu'on nous fait jouer. Qu'est-ce qui vient de nous-mêmes et de la société ? La ligne n'est pas facile à tracer.

À l'école, par exemple, la sélection sociale s'opère par le niveau scolaire et l'investissement des élèves mais aussi en partie par un « bluff », comme au poker. Quand les jeunes de milieux populaires n'osent pas emprunter telle ou telle voie scolaire parce qu'ils l'estiment trop difficile pour eux, les jeunes des milieux favorisés y sont mécaniquement mieux représentés. Une étude du ministère de l'Éducation indique que, « avec une note moyenne au contrôle continu comprise entre 10 et 12, 91 % des enfants de cadres et de chefs d'entreprise souhaitent une orientation en seconde [générale et technologique] contre seulement les deux tiers des enfants d'agriculteurs et d'ouvriers qualifiés [...] : les enfants de cadres et de professions libérales expriment des vœux d'orientation sensiblement plus ambitieux que ceux des enfants d'ouvriers, d'agriculteurs ou d'employés de service aux particuliers[1] ». À l'inverse, confiants en eux-mêmes, se sentant légitimes, les enfants des classes supérieures s'orientent « naturellement » vers les filières qui leur sont prédestinées. Les

1. Claudine Pirus, « Le déroulement de la procédure d'orientation en fin de troisième reste marqué par de fortes disparités scolaires et sociales », note d'information n° 13.24, ministère de l'Éducation, novembre 2013.

écoles de l'élite sont ainsi peuplées des mêmes jeunes des beaux quartiers, issus du lycée d'excellence de centre-ville et d'une poignée de classes préparatoires ultra-sélectives. Comme dans une pièce de théâtre, la société nous attribue un rôle à jouer. Tout en insistant sur nos capacités d'improvisation, elle nous donne une place et définit le comportement à avoir en fonction des situations[1].

Ces barrières existent pour de bonnes raisons. Les filles intègrent que ce sera plus dur pour elles de réussir dans le monde de l'entreprise, à cause de la cooptation masculine. Les enfants d'ouvriers savent aussi que ce sera plus dur pour eux au lycée général et à l'université du fait du fonctionnement du système éducatif. Quoi de plus rationnel au fond que de ne pas livrer bataille si celle-ci est perdue d'avance ? Comme s'interrogeait le sociologue Pierre Bourdieu, « l'attitude à l'égard de l'avenir est-elle [...] autre chose que l'intériorisation de l'avenir objectif qui se rappelle et s'impose progressivement à tous les membres d'une même classe à travers l'expérience des succès et des échecs[2] ? ». L'intériorisation ne tombe pas du ciel, elle repose sur ce que nous vivons. C'est ainsi que les classes populaires et moyennes prennent, comme il le dit, « la réalité pour leurs désirs ». Joanie Cayouette-Remblière a bien montré comment en pratique certains enseignants

1. Voir « Les stéréotypes légitiment les inégalités sociales », entretien avec Virginie Bonnot, propos recueillis par Nina Schmidt, Observatoire des inégalités, version du 6 février 2015.

2. Pierre Bourdieu, « L'école conservatrice. Les inégalités devant l'école et devant la culture », *Revue française de sociologie*, vol. VII, 1966, p. 333.

contribuaient à rabaisser les ambitions des jeunes de milieux populaires, à, comme elle dit, « ramener l'élève et sa famille à la raison[1] ». Le *self-made man* anglo-saxon est un mythe : quand on part de rien, on arrive rarement au sommet. Appeler naïvement à « briser ses chaînes » ou « croire en son avenir », comme c'est à la mode, est à la fois démagogique et dangereux. C'est aussi une manière d'occulter le poids des contraintes extérieures et de s'en remettre à la responsabilité de chacun.

On marche sur un fil tendu, d'un côté la démagogie, de l'autre le déterminisme. Il est difficile de ne pas tomber, mais c'est pourtant ce qu'il faut faire : rendre le système d'ensemble plus juste tout en donnant à chacun la possibilité de sortir des rails posés devant lui. Pour partie, les inégalités sont bien dans nos têtes. Les enseignants devraient nous aider à dérailler, à prendre des voies socialement inattendues, beaucoup le font d'ailleurs. Dans *En finir avec Eddy Bellegueulle*[2], Édouard Louis raconte comment la classe de théâtre de son lycée de Picardie l'a fait dévier d'une trajectoire qui lui promettait l'usine. Ce type de parcours scolaire reste l'exception d'une règle différente : « [Le] conseil de classe n'intervient pas pour corriger à la hausse les vœux d'orientation des élèves originaires de milieux populaires dont le niveau scolaire permettrait d'accéder à un cursus

1. Joanie Cayouette-Remblière, « Les classes populaires face à l'impératif scolaire », *Actes de la recherche en sciences sociales*, n° 205, 2014/5.

2. Édouard Louis, *En finir avec Eddy Bellegueule*, Éditions du Seuil, 2014.

scolaire plus ouvert[1] », poursuit le ministère dans son étude.

Si elle n'y prend garde, au lieu de libérer, la critique sociale enferme dans un avenir prédit (voir chapitre 9). Pour aller plus loin, il faudrait s'intéresser aux lieux où le travail d'impulsion est fait de manière intelligente et audible par un large public. Car ceux qui appellent les jeunes à s'affranchir de toutes les dominations, de genre, de couleur de peau, d'origine sociale, liées à un handicap physique ou une orientation sexuelle sont légion. « *Bouge de ta retraite, ta conduite est trop parfaite. Relève la gueule, je suis là, t'es pas seul* ! », chantait Trust en 1980 (« Antisocial »). Près de quarante ans plus tard, Gaël Faye veut « *Briser les chaînes, fissurer la dalle. Inventer la lune, que tous la voient* » («Tôt le matin », 2017). « *Serre les dents putain, montre que t'es pas un pantin. Tu peux faire c'que tu veux, vas-y explose et fous l'feu* », chante de son côté Eddy de Pretto (« Grave », 2018). Démagogues ? Ces paroles sont plus intelligentes et efficaces que les discours qui répètent en boucle que nos sociétés n'en ont plus que pour quelques années, ou qu'il suffit de « traverser la rue » pour trouver un emploi. Ces petites voix constituent un des éléments de la lutte contre les inégalités qu'il faudrait davantage prendre au sérieux.

1. Claudine Pirus, « Le déroulement de la procédure d'orientation en fin de troisième reste marqué par de fortes disparités scolaires et sociales », note déjà citée.

La réduction des inégalités à 360°

Si l'on veut réduire les inégalités, il faut prendre le problème à bras-le-corps, si l'on peut dire. Les tâches domestiques, en particulier les plus ingrates, sont effectuées à 80 % par les femmes. Combien d'hommes s'insurgent des effets inégalitaires de la mondialisation capitaliste mais sont trop occupés par leurs activités pour faire la cuisine ? Au-delà de la sphère domestique, il tient de la volonté de chacun de participer à réduire les fractures. Pour cela, il ne suffit pas d'insulter les riches, les machistes et les racistes à coups de messages sur les réseaux sociaux planqué derrière son smartphone. Des millions de personnes s'investissent au quotidien dans la lutte contre les inégalités. En 2019, pas moins 15 millions de personnes étaient bénévoles au sein d'une organisation, et 5 millions de manière informelle[1], soit 38 % des 15 ans et plus. 2 millions s'engagent un jour ou plus par semaine. Parmi eux, des millions participent à la démocratisation de l'école, de la culture, des loisirs en prenant en charge des activités ou luttent plus directement contre la pauvreté, le mal-logement, le racisme, les inégalités femmes-hommes, etc.

Prévenir et guérir

Sous quelle forme agir ? Il faut d'abord arrêter d'opposer prévention et réparation. Prévenir (agir sur les causes des inégalités) vaut mieux que guérir (soutenir

1. « L'évolution de l'engagement bénévole associatif en France, de 2010 à 2019 », étude France Bénévolat, mars 2019.

après coup), ce n'est pas une grande découverte. Pourtant, cette évidence est très en vogue. Elle permet de donner bonne conscience à ceux qui veulent éviter de réparer les dégâts causés par notre système économique et sert de paravent à l'inaction.

Une fois que le mal est fait, il faut bien venir en aide : même si elle a beaucoup baissé, la pauvreté des personnes âgées reste une réalité et seule la solidarité peut améliorer leur sort. On ne remettra pas une personne âgée de 80 ans au travail. En pratique, on ne sait pas toujours démêler ce qui relève de la prévention et de la réparation : construire des logements sociaux ou former des adultes relèvent, par exemple, des deux à la fois. Quand vous créez un logement social, vous mettez à l'abri ceux qui l'occupent (opération de réparation) et ce logement est l'une des clés d'accès à l'autonomie et à l'insertion professionnelle (vous faites une opération de prévention).

En matière d'inégalités de revenus, un débat oppose ceux qui voudraient redistribuer la richesse et ceux qui pensent qu'il faut réduire les inégalités dites « primaires » (avant redistribution). *A priori*, dans ce domaine, il vaut bien mieux agir avant qu'après. Sauf que faire en sorte que tous les citoyens accèdent à un niveau de vie décent est une condition de leur autonomie. Les prestations du système de protection sociale, du RSA aux allocations logement en passant par les allocations familiales, jouent un rôle essentiel pour amortir les conséquences du chômage pour des millions de foyers. C'est ce qui leur permet de sortir la tête de l'eau, de se loger, d'aller à l'école et d'avoir les moyens de retrouver un emploi. Donc de réduire les écarts. La question de la redistribution de la richesse n'est pas séparable en pratique de sa distribution. Comme le remarque d'ailleurs Robert Castel, « le rôle principal de l'État social n'a pas été de réaliser la fonction redistributive qu'on lui prête le plus fréquemment. En effet, les redistributions d'argent public n'ont que très faiblement affecté la structure hiérarchique de la société salariale. Par contre, son rôle protecteur a été essentiel[1] ».

Éradiquer la pauvreté, c'est possible

L'urgence est de porter secours et en particulier de s'assurer que chacun dispose du minimum pour vivre. Il faut d'abord agir pour ceux dont les problèmes commencent le 1er du mois. Au fond, ce n'est ni plus ni moins qu'une mise en pratique d'un droit constitutionnel : « La nation assure à l'individu et à la famille les conditions nécessaires à leur développement[2]. » Or, ce n'est pas le cas. Plus de 2 millions de personnes vivent en France avec moins de 700 euros par mois selon l'Insee.

Tordons d'abord le cou à l'idée répandue à gauche selon laquelle nous aurions besoin d'un revenu « universel » ou « de base », donc versé à chacun, riche ou

1. Robert Castel, *L'Insécurité sociale. Qu'est-ce qu'être protégé ?*, Éditions du Seuil, « La République des idées », 2003, p. 34.

2. Article 10 du préambule de la Constitution du 27 octobre 1946, qui appartient au bloc de constitutionnalité. Le mot « développement » montre bien que le fait d'assurer un minimum vital est à la fois guérir et prévenir.

pauvre[1]. D'un, c'est une illusion économique : verser 900 euros par mois à tous les adultes coûterait plus de 540 milliards par an, et aujourd'hui l'ensemble des dépenses de l'État représentent déjà 340 milliards d'euros. De deux, il n'est pas souhaitable de collectiviser l'équivalent d'un quart de la richesse nationale et de nous mettre ainsi à la merci d'un État qui contrôlerait une aussi grande part des revenus. Le fondement de la répartition de la richesse reste le travail. La gauche perd du temps et de l'énergie à s'investir dans ce débat.

Une bonne part des partisans d'un revenu de base souhaitent surtout un niveau de vie minimum décent pour chacun, pour ceux qui ont des revenus trop faibles, non une allocation universelle versée à tous : les deux idées n'ont rien à voir. Les propositions dans ce sens ne manquent pas. Avec Noam Leandri, président de l'Observatoire des inégalités, nous avons défendu la création d'un revenu minimum unique équivalent à 900 euros par mois pour un adulte[2]. Cela reste modeste, mais c'est le niveau du seuil de pauvreté. Cela signifie que la France aurait éradiqué statistiquement la pauvreté : 5 millions de personnes verraient leur sort amélioré. Concrètement, cette réforme revient à faire deux choses principales : d'une part élever les minima sociaux de l'ordre de 150 euros pour une personne seule, de l'autre accorder un minimum pour les jeunes de 18 à 25 ans qui n'y ont pas

1. Louis Maurin, « Pour en finir avec le revenu universel », Observatoire des inégalités, version du 2 juin 2020.

2. Noam Leandri et Louis Maurin, « Pour la création d'un revenu minimum unique », Notes de l'Observatoire n° 5, juillet 2019.

droit. Cette mesure est largement à notre portée : elle coûterait 7 milliards d'euros par an, l'équivalent d'un tiers de ce que va coûter au pays la suppression de la taxe d'habitation... Et ces 7 milliards sont immédiatement réinjectés dans le circuit économique, alors que le gain en taxe d'habitation non payé va remplir les comptes épargne.

Lutter contre l'insécurité sociale

Nous avons montré comment l'insécurité sociale constitue la fracture essentielle des sociétés modernes. « L'exigence de vaincre l'insécurité civile et l'insécurité sociale est à l'origine du pacte qui fonde une société civile[1] », analysait Robert Castel. Alors que « la pulsion sécuritaire tourne à la chasse aux suspects et s'assouvit à travers la condamnation de boucs émissaires » et la mise en place de moyens qui portent de plus en plus atteinte aux libertés privées, c'est l'inverse qui prévaut pour l'insécurité sociale. Que faire ? Comment « reconfigurer les protections sociales », selon le mot de Castel ? Il faut commencer par domestiquer le marché dans le monde du travail.

Il s'agit d'abord, simplement, comme c'est souvent le cas dans notre pays, de faire en sorte que le droit soit appliqué et de sortir d'un système où la règle est stricte mais n'est pas respectée. Personne ne conteste que les contrats à durée déterminée, par exemple, sont parfois

1. Robert Castel, *L'Insécurité sociale, op. cit.*, p. 89.

renouvelés de façon illégale quasiment sans fin, pas seulement par des petits entrepreneurs soumis à une concurrence forcenée, mais aussi par de grandes entreprises. Qu'ils pullulent dans la fonction publique pour des postes qui pourraient être attribués à des titulaires. Ce n'est pas l'ogre capitaliste qui est en cause, dans ce cas. C'est l'inspection du travail qui devrait faire son travail.

Cela passe aussi par un renchérissement du coût de la « flexibilité » de statuts du travail dans l'entreprise et la fonction publique. Cela passe par une lutte contre l'exploitation du travail à la tâche et la requalification en salariés de tous les faux indépendants, en réalité reliés par un lien de subordination dans lequel le donneur d'ordre contrôle le travail de l'exécutant. Cela dépasse de loin les seules plateformes issues des nouvelles technologies. Cela implique enfin d'améliorer les droits à indemnisation des chômeurs au lieu de les réduire, notamment pour les jeunes, pour leur éviter de devoir accepter des emplois indignes. Si des jeunes pédalent pour des sociétés comme Deliveroo pour quelques euros de l'heure, c'est bien pour cette raison.

Repenser les systèmes

La confusion est grande à gauche entre la nécessité de repenser le fonctionnement des organisations (comme l'école, l'entreprise ou les services publics) et renverser la table de notre modèle social. Notre « capitalisme », sur lequel on fait un carton à l'extrême gauche[1], n'a de capitaliste que le nom. C'est une économie de marché régulée par la collectivité. Changer de système économique ? Pour le remplacer par quels principes, concrètement ? Pour poursuivre avec Robert Castel, une société sans marché est une société « dont l'histoire aussi bien ancienne que récente nous montre qu'elle a généralement été structurée par des rapports de domination impitoyables ou par des relations paternalistes de dépendance humiliantes. Supprimer le marché représente une option proprement réactionnaire, une sorte d'utopie à rebours dont Marx se gaussait déjà en évoquant "le monde enchanté des rapports féodaux"[2] ». Il n'est pas tout à fait certain qu'une forme planifiée par l'État de régulation fonctionne mieux et constitue un progrès. Elle est par ailleurs loin d'être souhaitée par la majorité. Selon le baromètre annuel du ministère des Solidarités, 70 % des Français souhaitent une réforme de la société mais qui en conserve l'essentiel, 25 % veulent un changement radical et 5 % conserver les choses en l'état (données 2019). À peu de chose près, les mêmes proportions qu'au début des années 2000. Bref, il faut de nouvelles régulations du marché qui transforment l'organisation du système en réfléchissant aux valeurs que nous défendons, pas une remise en cause du principe lui-même.

Par exemple, le problème principal de l'égalité à l'école n'est pas de multiplier les dispositifs contre l'échec, de réduire la taille des classes ou de mettre

1. Nombreux sont ceux qui critiquent davantage les « capitalistes » (les grands patrons qui s'enrichissent) que le régime capitaliste lui-même, fondé sur la propriété privée des moyens de production.

2. Robert Castel, *L'Insécurité sociale, op. cit.*, p. 92.

en place un nouvel algorithme pour trier les lycéens en terminale. Cela peut être nécessaire mais, au fond, on ne fait qu'écoper sans reboucher les fuites. L'urgence est de repenser nos manières d'enseigner et le fonctionnement de l'école. De la même façon que l'on s'interroge sur le sens d'une augmentation des revenus qui ne profite pas à tous, il faut se poser la question pour l'élévation du niveau d'enseignement. Le « toujours plus » scolaire « ne remet pas en cause la structure hiérarchique même du système[1] », estiment François Dubet et Marie Duru-Bellat. Former mieux, c'est au fond opérer un virage à 180° : c'est toute la méritocratie qu'il faut réviser. Au lieu de tirer vers le haut une poignée de méritants, faire en sorte que personne ne reste sur le bord de la route. Au lieu d'agiter la carotte et le bâton, de jouer sur la peur de l'échec, mettre en avant les progrès des élèves. Réduire l'intensité de la compétition scolaire qui abrutit les jeunes Français sous une pluie de notes. Repenser les relations entre maîtres et élèves. La notion même de classe pourrait être remplacée par des niveaux à atteindre. La France est un pays où les bons élèves se signalent en levant le doigt pour apporter la réponse, pas pour faire part de leur incompréhension.

Notre situation est d'autant plus paradoxale que, comme le montre l'exemple du pédagogue Célestin Freinet, la France est l'un des pays qui a le plus réfléchi sur la pédagogie. Nombre d'enseignants continuent

1. Marie Duru-Bellat, *L'école peut-elle sauver la démocratie ?*, *op. cit.*, p. 211. Voir aussi *L'Inflation scolaire*, Éditions du Seuil, 2006.

heureusement de défendre une école qui fonctionne autrement[1], même si on les entend peu médiatiquement. Il ne s'agit pas de mettre en place une école « bienveillante » et bas de gamme pour les classes populaires, de « niveler par le bas », mais de faire en sorte, d'une part, d'éviter que les jeunes en difficulté ne perdent la face, de renforcer leur autonomie et leur estime de soi, mais aussi de faire en sorte que chaque jeune adhère au projet scolaire, traîne moins les pieds pour prendre le chemin de l'école. La clameur de joie poussée par les collégiens et les lycéens à l'annonce du confinement en mars 2020 est un signe majeur qui aurait dû interroger le monde des adultes.

La formation professionnelle, qui donne les moyens de s'adapter aux évolutions et de progresser, devrait être développée. L'égalité des chances devrait être aussi celle de la deuxième (ou troisième...) chance. Il s'agit de reconnaître un droit à l'erreur, le caractère socialement réversible d'un échec, dont on porte une partie plus ou moins grande de la responsabilité. Le droit à ne pas être condamné à la corvée à vie pour celui qui n'a pas pu ou voulu être le premier de cordée. Le droit à être de nouveau formé pour ceux qui n'ont pas obtenu le bon titre scolaire ou si celui-ci a été rendu obsolète par les évolutions technologiques.

Cela implique d'abord des investissements massifs pour favoriser l'insertion de ceux qui ont été éjectés du marché du travail. L'initiative « territoires zéro chômeur de longue durée » qui consiste à utiliser la

1. Au sein par exemple de la revue *Cahiers pédagogiques*, www.cahiers-pedagogiques.com.

dépense publique qu'entraîne le chômage pour subventionner des emplois n'est pas la solution miracle, mais elle a montré qu'elle constitue un levier intéressant pour ceux qui n'arrivent pas à reprendre pied. Comme le dit Moran Kerinec, des « profils cabossés retrouvent une vie “normale”[1] ». Mais cette démarche ne reste expérimentée que dans un nombre trop limité de territoires. Cela signifie des moyens, mais aussi de repenser la formation professionnelle pour qu'elle soit plus égalitaire. Comme pour l'école, ce n'est pas forcément du « toujours plus » qu'il faudrait mais que la formation soit moins inégalement répartie. La formation appelle la formation : selon l'Insee, en 2016, les deux tiers des diplômés ont eu accès à la formation professionnelle contre 15 % seulement des non-diplômés. Celle-ci devrait être massivement redistribuée en direction de l'insertion et de la reconversion des moins qualifiés.

Aplatir les hiérarchies, réorganiser le travail

Cette approche systémique doit se retrouver dans le monde du travail. En pratique, l'égalité des chances n'est réalisable qu'en diminuant l'intensité de la compétition, donc en réduisant l'inégalité des places entre le haut et le bas de l'échelle sociale. Si la mobilité sociale est plus grande dans les pays du nord de l'Europe, c'est

1. Moran Kerinec, « Territoires zéro chômeur : quand les profils cabossés retrouvent une vie “normale” », Reporterre, 17 octobre 2020.

bien que les hiérarchies sociales y sont réduites. Inversement, le *self-made man* américain est bien un mythe : l'égalité des chances en tant qu'accès aux positions sociales est moindre, parce que les positions sociales sont elles-mêmes très inégalitaires. Aux États-Unis, seuls 8 % des fils dont les pères sont parmi les plus pauvres figurent parmi les 20 % les plus aisés. En France, la proportion est de 11 %[1]. Comme le remarque Patrick Savidan, l'égalité des chances n'est « acceptable que si elle produit des rapports sociaux qui ne rendent pas impossible l'égalité des chances[2] ». Cela nous amène à l'un des axes centraux des politiques qui devrait être de lutter pour réduire la hauteur des pyramides, de combattre les processus qui accroissent les rapports hiérarchiques[3]. Par exemple, le nombre d'échelons qui empêchent ceux du bas de l'échelle de progresser et de participer aux choix. Ou bien les cloisons entre niveaux hiérarchiques, comme l'existence d'un statut spécial de « cadre » dans le privé ou les trois catégories A, B et C de la fonction publique, qui devraient exploser.

Au-delà des hiérarchies, c'est à la réorganisation du travail et des relations entre ceux qui possèdent le capital et ceux qui travaillent qu'il faudrait réfléchir pour libérer ceux qui en souffrent. « Sommes-nous condamnés à osciller toujours douloureusement entre un système en vertu duquel les travailleurs seraient de

1. Pour une synthèse récente des études sur le sujet, voir Clément Dherbécourt, « La mobilité sociale en France : que sait-on vraiment ? » France Stratégie, 1er septembre 2020.

2. Patrick Savidan, *Repenser l'égalité des chances*, *op. cit.*

3. Ce qui ne veut pas dire entrer dans la démagogie d'une entreprise « participative » où tout le monde décide de tout.

simples instruments dans l'entreprise dont ils font partie et un autre qui écraserait tous et chacun, corps et âme, dans une odieuse machinerie totalitaire et bureaucratique ? », s'indignait en avril 1947 le général de Gaulle. La droite a depuis bien longtemps laissé tomber l'idée d'associer capital et travail, sinon pour attribuer quelques miettes d'intéressement aux salariés. Une fois revenue au pouvoir en 1981, la gauche ne mettra que quelques années à jeter l'éponge. En 1982, elle vote les lois Auroux qui visent à transformer les relations de travail, l'épisode est clos avec l'arrivée en politique en 1988 de Bernard Tapie, un quadragénaire repreneur d'entreprise, qui deviendra même ministre de la Ville en 1992.

Comme le note l'économiste Thomas Coutrot, depuis plus de vingt ans la gauche cherche davantage à défendre le pouvoir d'achat des salariés en place qu'à réformer l'organisation du travail « qui permette aux travailleurs de maîtriser leur travail en tant que citoyens, d'en décider les finalités[1] ». Bref, leur rendre une part de liberté et démocratiser ces organisations. Une partie de la gauche n'y songe même plus, le travail étant pour elle voué à disparaître. Une thèse sans fondement : entre 2009 et 2019, le nombre d'emplois a progressé de 1 million. La crise de 2020 va détruire des postes de travail mais il s'agit d'une crise et non d'une extinction progressive.

Les formes du travail d'exécution moderne sont méprisées par les couches favorisées, mais ne sont pas dégradantes en soi, comme le rappelle Thomas

1. Thomas Coutrot, *Libérer le travail. Pourquoi la gauche s'en moque et pourquoi ça doit changer*, Éditions du Seuil, 2018, p. 14.

Coutrot. Ce sont les conditions dans lesquelles les métiers sont exercés qui les dévalorisent. Les femmes de ménage étudiées par le ministère du Travail[1] – comme le travailleur à la chaîne de l'industrie – trouvent du sens à leur travail : 78 % éprouvent la fierté du travail bien fait. Il faut ajouter à cela qu'une partie de ses emplois sont dévalorisés *parce que* massivement féminisés. Des métiers proches de la sphère privée (faire le ménage, s'occuper d'enfants en bas âge ou de personnes âgées) où les mêmes charges parfois sont supportées par les femmes sans rémunération. Ces dernières paient l'histoire des rapports de domination de genre. D'une manière plus globale, 72 % des salariés non qualifiés (et même 77 % dans le nettoyage) indiquent avoir un sentiment d'utilité au travail, c'est autant que l'ensemble des salariés. 44 % indiquent effectuer « toujours ou souvent » des tâches qui leur plaisent contre 56 % pour le total des salariés.

Au fond, bien sûr, c'est d'une vraie baisse du chômage, issue de la mise en œuvre de politiques de relance d'envergure, que viendront un changement du rapport de force dans l'entreprise et une réduction des inégalités de rémunération. Ces politiques imposent une coordination européenne qui pour l'heure fait défaut. Reste qu'il n'est pas besoin d'attendre le plein-emploi pour renverser un peu le rapport de force dans le travail. Améliorer à la fois le droit d'information et de représentation des salariés, la participation aux décisions, au sein de l'entreprise

1. Aurore Desjonquères, « Les métiers du nettoyage : quels types d'emploi, quelles conditions de travail ? », art. cit.

ou des services publics. Comme le note le juriste Alain Supiot, il faut donner aux travailleurs « les moyens concrets d'exercer leur liberté d'agir[1] ». Il n'est d'ailleurs nullement besoin d'en faire des actionnaires pour cela, mais de les associer à des niveaux divers aux décisions. Si la cogestion à l'allemande (certains projets doivent avoir l'aval des représentants des salariés) n'est pas une solution miracle, elle devrait nous inspirer[2].

Réduire l'emprise du travail

Par rapport à 1950, un salarié français a vu son temps de travail hebdomadaire moyen baisser d'un peu moins d'un quart. À l'époque, il n'était pas rare de travailler encore 50 heures et d'avoir trois semaines de congés payés. Historiquement, dans tous les pays, la part du progrès économique qui va aux salariés a toujours été répartie sur une longue période entre l'élévation des niveaux de vie d'un côté et la réduction du temps de travail de l'autre. En France, les étapes de la réduction du temps de travail sont des marqueurs des conquêtes sociales, du Front populaire de 1936 avec la journée de 8 heures (durée légale), aux 35 heures par semaine de 2002, en passant par les 39 heures de 1981. Chaque fois, l'application réelle de ces avancées est beaucoup plus tardive que la décision politique.

1. Alain Supiot, *L'Esprit de Philadelphie. La justice sociale face au marché total*, Éditions du Seuil, 2010, p. 141.

2. Guillaume Duval, « La cogestion allemande a fait ses preuves », *Alternatives économiques*, n° 310, février 2012.

La réduction du temps de travail n'est pas la solution miracle au chômage. Il s'agit d'une répartition non monétaire des fruits de la croissance. C'est d'ailleurs pour cela qu'elle est encore plus difficile à mettre en place dans les périodes de stagnation économique. Si le travail ne disparaît pas, réduire son emprise est aussi une forme de libération pour la plupart des actifs. Compte tenu des niveaux de salaires, elle ne peut pas être mise en place sans s'accompagner d'une redistribution des mieux payés vers les moins bien payés. Nombre de professions les moins rémunérées souhaitent davantage de pouvoir d'achat que du temps libre. Cela plaide non pour une politique massive mais pour l'octroi d'avancées progressives, comme la généralisation d'une sixième semaine de congés payés.

Renforcer les services publics

« Alors que [...] les services publics sont à bien des égards la colonne vertébrale d'un pays comme la France, ils se trouvent aujourd'hui doublement menacés de calcification et de désagrégation. De calcification par les partisans du *statu quo*, plus soucieux de la défense de leur rente de situation que du service du public. Et de désagrégation par les apôtres (souvent intéressés) de sa privatisation ou de son alignement sur le modèle d'entreprises du secteur marchand[1]. » C'est bien de cette alternative, soulignée par Alain Supiot, qu'il faut sortir. Des services collectifs, de l'éducation à la santé en passant par les transports, le logement et la culture, sont

1. Alain Supiot, *L'Esprit de Philadelphie*, *op. cit.*, p. 54.

des facteurs de réduction structurelle des inégalités et porteurs de mobilité sociale. Pour peu que l'on parle concret, des crèches aux maisons de retraite en passant par les écoles, ces besoins sont largement reconnus, au-delà des clivages politiques. On le voit d'ailleurs dans les politiques locales.

Répondre à ces besoins sociaux n'est pas uniquement une question d'argent. Dans de nombreux domaines, de l'école à la santé en passant par le logement, il s'agit aussi de réglementations, de réorganisations, d'évolution des pratiques. Il est par exemple urgent d'encadrer plus strictement les loyers et de faire respecter le droit là où cet encadrement existe. Ajoutons que l'argent public, c'est l'argent de tous. Payé par exemple en TVA par le sans-domicile qui va acheter sa baguette ou prélevé en cotisations sur la paie de la caissière. Chaque euro d'argent public doit être soupesé en fonction de sa capacité à servir au mieux l'intérêt général. Il est sain d'être avare en la matière.

Pour autant, pour ouvrir des crèches, mieux soigner, assurer la sécurité ou éduquer, il faut employer du personnel, qu'il faut rémunérer. Il faut des moyens. Cela tombe bien, la France en a, beaucoup. La crise du coronavirus a montré que l'on pouvait s'affranchir des limites de déficit et de dette. Depuis le début des années 2000, notre pays a gaspillé des dizaines de milliards d'euros en réductions d'impôts de cotisations sociales qui n'ont eu qu'un très faible impact sur l'économie et l'emploi.

La Cour des comptes a évalué pour la seule année 2019 que la Sécurité sociale avait perdu au total 90 milliards d'euros au titre des principales exonérations de cotisation sociales[1], dont l'effet sur l'emploi est négligeable. Ce à quoi il faudrait ajouter une bonne partie des niches fiscales, ces diverses exonérations d'impôts (notamment sur le revenu) tout aussi inutiles, qui représentent elles aussi environ 100 milliards. Le gouvernement revendique à lui seul 45 milliards de baisses d'impôts annuelles décidées depuis 2017 (taxe d'habitation, baisse de l'impôt sur les sociétés, réforme de l'impôt de solidarité sur la fortune, etc.).

C'est d'une immense gabegie qu'il s'agit, dont on ne mesure pas la portée car ces chiffres ne disent rien à la plupart d'entre nous. Alors qu'on s'offusque de dizaines de milliers d'euros de trop dépensés ici ou là, par exemple pour refaire récemment le Salon doré de l'Élysée, on ne réagit pas devant ces milliards perdus, de niveau tellement astronomique que nous n'avons plus d'échelle de comparaison, nous n'y comprenons rien. Combien les seuls 45 milliards gâchés chaque année en baisses d'impôts depuis 2017 représentent-ils d'écoles, d'hôpitaux, de tribunaux ou de commissariats qui n'existent pas ou n'ont pas les moyens d'exercer leurs missions ? 45 milliards, cela représente 90 % du budget de l'Éducation nationale ou 60 % de celui des hôpitaux publics. Dit autrement, à la place de ce gâchis, on aurait quasiment pu doubler le budget de l'école en France !

Insistons, pour que l'on comprenne bien. Si l'on paie mal les enseignants, les aides-soignantes ou les infirmières, si l'on n'offre pas de minimum social aux jeunes, c'est que l'on préfère baisser la taxe d'habitation, l'ISF

1. « La Sécurité sociale. Rapport sur l'application des lois de financement de la Sécurité sociale », Cour des comptes, octobre 2019.

ou l'impôt sur les sociétés. Il s'agit d'un choix politique qu'il faudrait assumer. Deux décennies de baisses d'impôts (sauf la période 2011-2012) sont deux décennies d'un immense gâchis. Ces dizaines de milliards d'euros, utilisés autrement, auraient permis de moderniser la France et probablement d'en faire le pays au monde le plus à la pointe en termes d'éducation, de recherche, de santé, de sécurité publique et de transition écologique.

Conclusion

La France des couches favorisées va bien. Protégée par son patrimoine et ses diplômes, elle profite de la vie dans la société de consommation moderne. Elle est préoccupée par le fait de payer moins d'impôts, de trouver la bonne école pour ses enfants, où passer ses prochaines vacances et la manière de manger sainement. Elle adore la mixité sociale tant que c'est pour les autres. Son appétit est insatiable. Elle en demande encore plus, alors même que les inégalités s'accroissent et que les tensions montent.

Nous avons essayé de montrer comment les classes aisées de la France étaient loin de l'image qu'on aime en donner, à droite comme à gauche. Comment notamment se focaliser sur une poignée d'hyper-riches était une façon de déguiser des couches aisées en classes moyennes, afin d'éviter d'avoir à partager. Comment aussi la bourgeoisie intellectuelle était solidifiée par ses diplômes qui lui assurent une légitimité encore plus grande que la réussite économique ainsi que d'énormes privilèges qu'elle refuse de voir.

Pour assouvir leurs besoins, nos privilégiés doivent avoir à leur disposition une main-d'œuvre docile. Le marché du travail n'est pas globalement précarisé, il se scinde entre stables et instables. Au nom de la « flexibilité » du travail, on a plongé une partie encore minoritaire de travailleurs, salariés ou non, dans une insécurité sociale croissante, faite de contrats temporaires, de bas salaires et de soumission à l'autorité. En matière de niveaux de vie, les plus pauvres stagnent depuis une vingtaine d'années. Ils ne sont maintenus à flot que par un modèle social qui demeure protecteur. La morosité est plus récente pour les classes moyennes, mais le contraste est pour elles encore plus grand comparé au dynamisme des années 1980 et 1990. Pendant ce temps, les classes aisées s'enrichissent.

La violente crise sanitaire de 2020, qui s'est transformée en crise économique sans précédent dans l'histoire de l'après-Seconde Guerre mondiale, était l'occasion d'inverser le cours de notre histoire sociale, de prendre des mesures d'ampleur. Le 12 avril 2020, le président de la République annonçait avec hauteur de vue dans une allocution télévisée qu'il avait compris. Qu'il allait se « réinventer ». « Il nous faudra nous rappeler aussi que notre pays, aujourd'hui, tient tout entier sur des femmes et des hommes que nos économies reconnaissent et rémunèrent si mal », disait-il. Aveugle aux souffrances de la société, la majorité au pouvoir au contraire n'a rien entendu et a maintenu le cap. Elle ne laisse que des miettes aux plus démunis.

On peut prédire que, tant que les classes favorisées ne sortiront pas de leur égoïsme, les tensions monteront, que le « dégagisme » prendra plus de place, comme dans de nombreux pays. Bien davantage du fait de l'insécurité sociale croissante que de la peur de l'intégrisme religieux et d'une prétendue « insécurité culturelle ». À trop tirer sur la corde des privilèges tout en faisant miroiter « l'égalité pour tous », le risque est grand que la situation entraîne des mouvements de contestation de grande ampleur et que d'autres forces, bien plus conservatrices, prennent les choses en main. Le risque de l'arrivée au pouvoir d'un parti autoritaire n'a jamais été aussi proche.

Au fond, les nuages sombres qui menacent ne semblent pas inquiéter les classes aisées. Elles vivent bien et s'estiment à l'abri des conséquences d'une telle évolution politique. L'indifférence aux inégalités sociales a de quoi interroger en tout cas. Les cyniques ont de bonnes raisons de penser que, finalement, une partie de la bourgeoisie d'aujourd'hui est indifférente aux conséquences de son comportement et que, derrière ses cris d'orfraie à propos des inégalités, elle ne verrait pas tant de mal que cela à l'accès au pouvoir d'un régime dur. Protégée, elle se moque notamment des conséquences de la xénophobie au pouvoir.

Le Rassemblement national a déjà gagné sur de nombreux tableaux. Une partie des élus de la droite classique se sont alignés sur son idéologie et son programme. Certains hebdomadaires ou les émissions de débat du soir à la télévision sont devenus des supports de sa propagande. La dérive d'un nombre croissant d'intellectuels de gauche, que ce soit au nom de la nation ou de la culture, va dans le même sens. Au fond, l'indifférence d'une partie des électeurs et dirigeants d'extrême gauche au choix entre Emmanuel Macron et Marine Le Pen lors du second tour de l'élection présidentielle de 2017 relève du même processus. Leur abstention reflète leur inconsistance politique et, pour certains, le mépris qu'ils portent aux étrangers vivant dans notre pays.

Comment sortir de cette situation ? Il reste trois voies. La première serait d'assumer un vrai libéralisme. Appeler un chat un chat, comme le fait le président Emmanuel Macron quand il contrôle mal ses mots et exprime le fond de sa pensée. Sa formule « une gare, c'est un lieu où on croise les gens qui réussissent et les gens qui ne sont rien[1] », d'une violence symbolique inouïe, résume sa pensée comme celle de nombreux gagnants d'aujourd'hui. Ceux qui échouent ne sont pas les perdants d'une partie qui pourrait être recommencée. Ils n'existent pas. Il faudrait accepter une société où le meilleur gagne, où chacun peut trouver un emploi s'il traverse la rue. Peu importent les inégalités si elles découlent d'une juste compétition. Dans cette société, le rôle des pouvoirs publics est de vérifier que les conditions de la concurrence « pure et parfaite » (comme disent les économistes) soient réunies.

Contrairement à la caricature qui en est faite à gauche, ce modèle de société a des atouts, au moins en théorie. Ce projet, porté par la droite classique et La République en marche, a le mérite de la cohérence idéologique et impose aussi de s'attaquer à la question de l'égalité des chances fondée sur le mérite, ce qui serait déjà une grande avancée. Il semble correspondre aux aspirations d'une société où les individus sont autonomes, libérés de leurs attaches sociales.

1. 29 juin 2017 pour l'inauguration d'un incubateur de start-up.

En réalité, ce discours sur l'égalité des chances porté par les partisans de la « révolution[1] » libérale n'est le plus souvent qu'une vaste hypocrisie : une révolution conservatrice qui consiste à la liberté du « renard libre dans le poulailler libre », image souvent évoquée pour représenter le régime capitaliste dérégulé où règne la loi du plus fort au nom de la liberté. Dans les faits, il imposerait par exemple une refonte de notre système éducatif pour en rebattre les cartes. Une imposition forte de l'héritage pour que la fortune résulte de la création de valeurs, non de leur transmission entre générations. Une attaque frontale des hiérarchies dans l'entreprise et les services publics. L'inverse des politiques menées depuis 2017 et des gouvernements « libéraux » en général. Enfin, cette égalité des chances ne dit rien du type de société dans lesquelles cette égalité s'exerce.

La deuxième serait que, au fil du temps, un nouvel équilibre s'installe. Il se peut très bien que l'on finisse par se faire à une société de soumission déguisée en égalité des chances. Après tout, cela fait trente ans que le taux de chômage des jeunes se situe à un niveau très élevé. Toute la carrière de générations entières s'est déroulée sur fond de chômage. On peut se faire à une dévaluation des diplômes, qui ne mènent plus aux mêmes positions. Les « déclassés » acceptant de se soumettre aux donneurs d'ordre du travail. Ou au fait de vivre au jour le jour durant plusieurs années sur le marché du travail avant de se stabiliser. Peu ou prou, les générations et les classes sociales se résigneraient à une nouvelle domination. Les vies deviendraient plus

1. Emmanuel Macron, *Révolution*, XO Éditions, 2016.

flexibles, et l'on finirait par s'habituer à des parcours faits de réussites et d'échecs, ainsi qu'à réussir moins bien que ses parents. Le temps des ascensions sociales de masse serait derrière nous depuis longtemps. La douche froide serait passée, les illusions perdues.

Les émeutes de 2005 ou les violences lors des manifestations des Gilets jaunes de 2018-2019 montrent comment la société peut gronder. En face, le pouvoir a les moyens de réprimer les fauteurs de troubles et de réduire les perturbations, quitte à employer de plus en plus fréquemment la violence physique et à limiter les libertés, mesures aux antipodes du modèle du libéralisme politique qu'il dit défendre. L'état d'urgence a été en grande partie intégré dans la loi au mépris des libertés individuelles en invoquant le plus souvent le « risque terroriste ». Face aux tensions croissantes d'une société de compétition, les éléments de contrôle adaptés faits de caméras de vidéosurveillance, de reconnaissance faciale, de contrôle des communications s'adaptent aussi pour s'attaquer à la racine de ces « débordements » : empêcher la manifestation avant même qu'on ne s'exprime dans la rue. « Si l'on tire jusqu'au bout le trait de cette association contre nature, c'est un horizon chinois qui se profile, où l'État et les opérateurs, par l'effet d'une incessante coopération électronique insusceptible d'être utilement contestée par les moyens de droit ordinaires, pourront rejeter un citoyen vers les ténèbres de la mort sociale[1] », écrit François Sureau.

La partie est-elle pour autant perdue pour ceux qui imaginent une autre troisième voie ? Une société qui pourrait à la fois s'interroger sur l'égalité des chances mais aussi sur

1. François Sureau, *Sans la liberté*, Gallimard, 2019, p. 23.

son modèle global, sur le sens de la réussite. La revendication de fraternité n'est-elle qu'une forme naïve de survivance d'une pensée solidariste datée ? Pas plus que celui de notre planète, on voudrait montrer que notre avenir social n'est joué d'avance, pour de nombreuses raisons.

Tout le monde n'a pas comme idéal d'être un renard parmi les poules, tant s'en faut. Nombreux sont ceux qui préfèrent une balade tranquille à une « cordée » verticale. C'est la capacité à collaborer efficacement, à s'écouter et à échanger, qui fait une cordée de qualité, pas la vitesse de celui qui grimpe en premier. Les enquêtes sur les valeurs montrent que, pour l'immense majorité, la solidarité, l'esprit d'équipe ou le lien social comptent autant que la réussite individuelle.

Les mobilisations de solidarité, qu'elles soient militantes ou non, se multiplient. Toute une partie de la jeunesse s'engage par exemple pour la défense de l'environnement, pas seulement pour préserver égoïstement son avenir, mais aussi au nom de valeurs plus globales, le refus de « perdre sa vie à la gagner » dans un monde consumériste, comme on le disait dans les années 1960. Le refus de la réussite pour la réussite.

Au fond, la situation ressemble au printemps 1968 non parce qu'un ordre moral règne sur les modes de vie de la jeunesse, mais parce qu'un ordre économique l'oblige à se soumettre. Par ailleurs, la violence de l'usage de la force publique et les restrictions aux libertés heurtent de plus en plus les véritables libéraux. La surveillance à la chinoise fascine quelques élus conservateurs en mal de popularité, c'est un repoussoir pour l'immense majorité. Sommes-nous prêts à concéder une grande partie de nos libertés individuelles au profit de nouvelles normes de sécurité publique ? De puissants combats se profilent sur le sujet dans les décennies qui viennent, qui rappellent ceux des débuts de la démocratie.

« C'est donc ici et maintenant qu'il faut parler le vrai langage de la solidarité, celui qui, par le partage du revenu, des avantages et des garanties entre tous, permettra de réintégrer l'ensemble des Français – et des non-Français – dans la communauté nationale[1] », écrivait François de Closets. Quarante ans après son *Toujours plus !*, la formule reste valable. Elle le sera probablement encore en 2040 : la lutte entre l'égalité et la distinction sociale est un processus continu. Comme le notait le philosophe Alfred Fouillée, la justice de liberté, le respect de la personnalité individuelle, la justice d'égalité, le traitement équitable doivent s'accompagner d'une justice de solidarité qui fonde la justice sociale : « [Une] justice de solidarité, trop méconnue, qui veut que, faisant partie d'un même tout, réagissant l'un sur l'autre, ne pouvant agir dans la vie sociale sans que mes actions aient une répercussion en autrui, je prenne en considération le bien des autres en même temps que mon bien propre[2]. » Ce n'est rien d'autre que de passer d'une conception individualiste de la société à une prise en compte du bien commun.

Pour partie, la domination des classes favorisées repose sur l'intériorisation des règles du jeu de la domination par les dominés. C'est donc aussi d'une prise de conscience qu'il s'agit. Les Gilets jaunes n'ont pas gagné sur tout, mais ils ont fait reculer l'État à partir de

1. François de Closets, *Toujours plus !, op. cit.*, p. 329.

2. Alfred Fouillée, « L'idée de justice sociale d'après les écoles contemporaines », *Revue des Deux Mondes*, tome 152, 1er mars 1899, p. 61.

mobilisations venues de nulle part. La petite musique de « l'égalité des chances » nourrit les jeunes depuis des générations : elle est hypocrite et elle attise le sentiment d'être les laissés-pour-compte du progrès. Cela est valable dans l'action collective à tous les niveaux. Et notamment là où se joue la distribution des revenus, dans l'entreprise. « L'entreprise néotaylorienne est une machine remarquable mais extraordinairement fragile : les salariés ne s'en rendent généralement pas compte, mais leur entreprise se trouve, en fait, à leur merci. [...] Pas de qualité qui tienne si les salariés n'adhèrent plus à cet objectif, pas de délais respectés s'ils traînent les pieds. Et l'absence de stock rend les répercussions sur les ventes et la clientèle absolument immédiates[1] », rappelait Guillaume Duval. En dépit de l'effondrement du syndicalisme français, on peut espérer que de plus en plus de travailleurs s'organisent collectivement, comme en témoignent les luttes naissantes des nouveaux ouvriers des plateformes de livraison. De la presse aux associations en passant par les partis politiques ou la musique, ceux qui œuvrent à cette prise de conscience et cette volonté de libération sont loin d'être battus d'avance.

Au fond, reste à effectuer le travail proposé par George Orwell à la fin des années 1930 face à la montée du fascisme en Europe : « Pour battre en brèche la désaffection dont est victime le socialisme, il faut en comprendre les raisons, c'est-à-dire se mettre dans la peau de celui qui le refuse, ou à tout le moins

1. Guillaume Duval, *L'Entreprise efficace à l'heure de Swatch et McDonald's*, *op. cit.*

considérer avec sympathie son point de vue[1]. » Les électeurs des classes populaires et moyennes qui rejoignent les rangs du Rassemblement national aujourd'hui sont loin de n'être motivés que par son discours de haine des étrangers. Les couches populaires et moyennes sont orphelines d'un projet qui reste à construire, adapté au monde contemporain. Plutôt que de les traiter avec dédain parce que socialement, culturellement ou écologiquement incorrectes, il serait temps de les écouter et d'apporter des réponses concrètes à leurs besoins.

Il faudra pour cela autre chose qu'un marketing des inégalités simpliste qui dédaigne le monde de travail des exécutants, surfe sur la critique des ultra-riches et la défense d'un revenu universel, chanson fredonnée sans en comprendre les paroles. « Nos sociétés ne sont pas sans classes, mais sans discours de classe articulant, de manière nouvelle, une explication théorique de ces inégalités à un projet politique de transformation sociale crédible et vérifiable[2] », analysait très justement le sociologue Claude Dubar. Mais alors, il faudrait se demander qui (ou quel événement) sonnera l'heure de la refondation d'un projet capable de réformer la régulation de notre modèle en le rendant à la fois économiquement viable, respectueux de l'environnement et socialement plus juste. Montrant notamment, comme le notait Orwell, comment on peut articuler justice et liberté et « montrer, sans ambiguïté aucune, où passe la ligne qui sépare les exploiteurs des exploités[3] ».

1. George Orwell, *Le Quai de Wigan*, Ivrea, 2010 (première édition 1937).
2. Claude Dubar, « Sociétés sans classes ou sans discours de classe ? », *Lien social et Politiques*, n° 49, printemps 2003.
3. George Orwell, *Le Quai de Wigan*, *op. cit.*, p. 255.

Remerciements

Sur la couverture de ce livre, il y a mon nom. J'assume les erreurs qui pourraient figurer dans le texte même si j'ai essayé d'en réduire le nombre autant que possible. Un livre est toujours le résultat d'une cuisine qui mélange nombre d'influences. « Parce que, quand on a le goût de la chose bien faite, le beau geste, parfois on ne trouve pas l'interlocuteur en face je dirais, le miroir qui vous aide à avancer[1]. » Ce n'est pas mon cas.

J'ai eu chance de croiser Salomé Viaud, responsable éditoriale dans la maison qui édite ce livre, dont l'enthousiasme est, vraiment, débordant. Elle a beaucoup contribué à en améliorer le contenu. Un grand merci à elle. Cet ouvrage doit beaucoup à de nombreuses rencontres, des personnes croisées lors de conférences données dans toute la France, qui font avancer à travers leurs questions et leurs critiques. L'auteur est redevable à ceux qu'il côtoie tous les jours, qui savent avec bonheur le remettre à sa place – « Lanje » s'y reconnaîtra.

1. Citation empruntée au personnage joué par Édouard Baer dans *Astérix et Obélix : mission Cléopâtre*, Alain Chabat, 2002.

Il a bénéficié de la relecture attentive de Marie-Thérèse Bruas. Il doit aussi à de nombreux collègues ou amis qui l'ont poussé à continuer et à aller de l'avant : un grand merci tout particulier à Anne Brunner et Valérie Schneider pour leur aide sans faille au long de toutes ces années. Et au-delà à toute l'équipe de l'Observatoire des inégalités, salariés et bénévoles, désormais trop nombreuse pour être citée. Je n'oublie pas que ce livre est aussi le produit d'une aventure commencée en 2003 avec deux amis, Patrick Savidan et Serge Monnin.

Table

Imprimé en France par EPAC Technologies
N° d'impression : 4550414304921
Dépôt légal : mars 2021